SISTEMA DA ÉTICA

Dados Internacionais de Catalogação na Publicação (CIP)
(Câmara Brasileira do Livro, SP, Brasil)

Dilthey, Wilhelm, 1833-1911.
Sistema da ética/Wilhelm Dilthey; tradução Edson
Bini. — São Paulo: Ícone, 1994. — (Fundamentos de
Direito)

ISBN 85-274-0270-X

1. Ética 2. Filosofia I. Título. II. Série

93-2790   CDD-340.12

Índices para catálogo sistemático:

1. Filosofia do direito   340.12

WILHELM DILTHEY

SISTEMA DA ÉTICA

2ª edição

Tradução
Edson Bini

© Copyright 2005.
Ícone Editora Ltda.

Coleção Fundamentos de Direito

Coordenação Técnica
Carlos E. Rodrigues
Márcio Pugliesi

Produção
Anízio de Oliveira

Revisão
Adalberto de Oliveira Couto

Proibida a reprodução total ou parcial desta obra,
de qualquer forma ou meio eletrônico, mecânico,
inclusive através de processos xerográficos,
sem permissão expressa do editor
(Lei nº 9.610/98).

Todos os direitos reservados pela
ÍCONE EDITORA LTDA.
Rua Lopes de Oliveira, 138 – 01152-010
Barra Funda – São Paulo – SP
Tel./Fax.: (11) 3666-3095
www.iconelivraria.com.br
e-mail: iconevendas@yahoo.com.br
editora@editoraicone.com.br

ÍNDICE

PRIMEIRA PARTE 11
Capítulo I — O problema da ética atual 13

§ 1º 13
§ 2º 14

Capítulo II — Os três métodos da solução do
problema ético 21

§ 3º 21
§ 4º 21
§ 5º 24
§ 6º 30
§ 7º 34

Capítulo III — O utilitarismo como compromisso
entre a opinião racional-sensorial e a consciência
ética 37

8º Conceito e posição do utilitarismo 37
9º Jeremy Bentham 38
1º O princípio (axioma) 38
2º O meio de tornar aplicável este princípio
à legislação 39
3º A utilização desse princípio mediante a
determinação de uma sanção 41
10º John Stuart Mill 42

I — Luta contra a facção idealista da Escola
da Experiência Interior 42

II — O princípio de felicidade em Mill 45
1) O princípio 45

2) O padrão e a medida 45
3) Esta ética também vale para os
   pessimistas 47
4) Normas morais 47

III —Refutação das objeções contra o
    utilitarismo 48

IV — Conseqüências últimas 51

§ 11º Crítica do utilitarismo 53
§ 12º O princípio teórico-cognoscitivo de uma
   possibilidade da moral 55

SEGUNDA PARTE: A VONTADE E AS
ATITUDES ÉTICAS

§ 1º O plano básico do ser vivo 67
§ 2º A congruência no plano básico do ser vivo . 68
§ 3º A posição central da vida instintiva e
      sensorial 70
§ 4º Relação interior de instinto, sensação e
      volição 71
§ 5º Os circuitos de instinto e de sensação 71
§ 6º Primeira classe de circuitos de sensação
      e instinto. Os mecanismos do instinto e
      os anelos, paixões e estados afetivos
      emergentes deles 73
§ 7º Os processos que ocorrem na transformação
      dos instintos em ânsias instintivas e paixões.
      A posição na organização biológica e social
      das ânsias, sentimentos e paixões assim
      surgidos 80
§ 8º Ética negadora, limitante e conformante 83
§ 9º As sensações condicionadas pela própria
      conformação das volições e as emoções
      emergentes delas 84

§ 10º A consciência moral da própria conformação da vontade e das ações, contida nesse fenômeno primitivo 91

§ 11º Os juízos da sensação relativos aos atos dos demais conteúdos nesse fenômeno principal e o princípio dessas determinações valorativas 92

§ 12º A aparência psicológica da concepção eudemonista e utilitarista dos fenômenos morais primitivos tratados 94

§ 13º Os sentimentos estranhos e sua transformação em processos éticos 96

§ 14º A benevolência *(Wohlwollen)* 99

§ 15º A compaixão (A simpatia como princípio moral e o altruísmo na escola positivista) .. 103

§ 16º Este sentimento de solidariedade se combina com o de independência da outra pessoa 112

§ 17º Relação entre o respeito pelo valor próprio dos outros e a obrigação de gratidão, entre prometer e verossimilhança 114

§ 18º Obrigação e dever 116

§ 19º Idéia geral da coerência entre compreensão histórica, eticidade e arte (a vida ideal do homem) 119

§ 20º Aplicação à educação como um dos fatores principais do desenvolvimento moral 120

§ 21º O múltiplo das aptidões éticas ou a organização ética do ser humano 121

TERCEIRA PARTE: A EVOLUÇÃO DA MORAL E OS PRINCÍPIOS DA ÉTICA SOCIAL

§ 1º Desenvolvemos aptidões. Como elas se modificam? As relações entre as aptidões éticas e os complexos éticos de força dentro da sociedade 125

Introdução 125

§ 2º As forças sociais 128

§ 3º A evolução ética 131

§ 4º O homem primitivo e seu âmbito e a evolução da sociedade 134

§ 5º O desenvolvimento da consciência ética na associação. Autoridade e dever 135

§ 6º O costume, o direito e a lei ética 136

§ 7º A religião, o ideal e a aceitação do dever e a lei numa coerência compreensiva 138

§ 8º O conceito do ético. Bem e mal 142

§ 9º As molas gerais e constantemente ativas da vida ética 145

§ 10º A combinação das molas éticas na cultura e no *ethos* dos povos e das épocas 152

§ 11º As épocas da cultura moral 153

§ 12º Os princípios morais de uma ética 155

APÊNDICE: FILOSOFIA PRÁTICA 165

I — Bases 167

II — Os fatos éticos que servem de base à filosofia prática 168

III — Polêmica contra a moral do interesse e do eudemonismo, enquanto não sejam conciliáveis com estes fatos 169

IV —Polêmica contra toda construção de uma
moral ou ética que afirme oferecer fórmulas
para os casos da vida. Dissolução da ética
idealista 171
V — A análise 173

BEM-ESTAR SOCIAL E ÉTICA PESSOAL

Capítulo I 179
Primeiro axioma 179
Segundo axioma 179
Terceiro axioma 180
Quarto axioma 181

Capítulo II 181
Quinto axioma 181
Sexto axioma 182
Sétimo axioma 183
Oitavo axioma 184

PRIMEIRA PARTE

Capítulo I

O PROBLEMA DA ÉTICA ATUAL

1º

Toda filosofia autêntica deve deduzir de seus conhecimentos teóricos os princípios da conduta de vida do indivíduo e da orientação da sociedade. Denominamos "ética filosófica" a ciência em que isso ocorre. As considerações deduzidas das ciências naturais, o descortinamento da moral cristã a partir delas, o assim condicionado desmembramento das concepções éticas válidas até o momento na literatura européia, e um movimento social que — a partir desses pontos de vista alterados — procura a dissolução das atuais bases da sociedade e um reordenamento interessado sobretudo na classe trabalhadora, deram à Filosofia a missão de desenvolver princípios que não só possam orientar a conduta de vida do indivíduo, como também proporcionar decisões sobre questões capitais da vida social. A ética atual deve ser uma ética social.

Na coesão da vida anímica, o pensar é como uma ponte entre impressão e reação: deve ser traduzido em ação. Nisso se baseia tanto o jogo da criança como toda a cultura. No ser vivo, o pensar e o conhecer se encontram dentro de uma coesão estrutural que abrange desde a percepção do mundo exterior até uma adaptação recíproca entre o mundo exterior e ele próprio. Desse modo, também o compreender filosófico do mundo tem sua meta no agir. Uma filosofia que não possibilita a elaboração de regras para o agir prático, uma especulação sobre o mundo que não inclua uma concepção de nossa vida, e mais, que não inclua impulsos para sua concreção, é totalmente insuficiente. Verdadeiramente grande só é a filosofia prática, plena de vida. Cada ciência teórica encerra as pressuposições ou princípios necessários para a consecução de determinados fins, considerados valiosos. A missão da filosofia prática é a determinação do que tem importância e valor na vida. Seu objeto é, portanto, determinar os princípios máximos através dos quais são definidos metas e caminhos para o agir prático.

Neste sentido, todos os grandes filósofos a partir de Platão e Aristóteles asseguraram a meta última do pensar filosófico nas determinações sobre os significados da vida e do agir. Economia política, política, estética, teologia, todas elas necessitam a todo momento dessa teoria dos princípios.

2º

Há épocas nas quais se formou uma opinião dominante quanto às metas do agir. Épocas em que a sociedade persegue essas metas por vias predeterminadas. Essas épocas têm escasso interesse para a filosofia prática. Frente a isso, a insegurança sobre os princípios do agir em nossos dias determina um interesse extraordinariamente intenso na ciência moral. É possível que, desde a grande época em que o Cristianismo surgiu de uma fermentação indescritível da sociedade e pronunciou a palavra salvadora para suas necessidades, nunca mais existiu na sociedade tal intranqüilidade, tal insegurança. Talvez nunca, como então, as últimas pressuposições da vida e do agir humanos se viram expostos em tal medida à desagregação.

As condições da situação atual:

Primeiro fato: a progressão do espírito científico-naturalista levou a se considerar o homem como um ser animal, que através dos impulsos que se encontram nele e em seu meio ambiente adquiriu o máximo de adaptação mercê de sua inteligência e de seus costumes morais. A unidade psicofísica, seu desenvolvimento mediante seleção, herança e adaptação são os princípios básicos de uma moderna biologia que se subordina ao âmbito histórico. Daí o princípio religioso-metafísico da permanência do ideal de vida. Comte, Herbert Spencer, Haeckel. Análise das formas de vida históricas.

Segundo fato: a seguinte das condições históricas dessa situação reside na implantação da questão social, na influência da classe trabalhadora na transformação da sociedade. Este processo surgiu a partir da conjunção das transformações na vida social com as transformações recém-descritas na ciência.

Transcorreram, contando de agora, cem anos desde que na Revolução Francesa as classes médias medianamente cultas conquistaram um agir e uma participação autárquica no Estado. Hoje em dia, todos os níveis da sociedade localizados sob essas classes tendem a uma participação maior nos bens da vida, e a política se propõe a missão de tornar essas metas alcançáveis mediante transformações das instituições sociais. As agitações que estão ligadas a uma transformação tão substancial têm colocado em dúvida as pressuposições últimas da sociedade.

O movimento que emana da classe trabalhadora converteu-se ao mesmo tempo em ponto de partida de uma teoria radical. Se se prescinde de movimentos e teorias isoladas suprimidas rapidamente, essa teoria tem se desenvolvido e difundido continuamente desde a Revolução

Francesa. Babeuf, nascido em 1760, promoveu no ano de 1796 uma conspiração que esteve orientada para a divisão dos bens. Foi justiçado em 1797. Claude Henri, conde de Saint-Simon, nascido em 1760, propôs o plano de uma "ciência físico-política". Desenvolveu-o no *Système Industrial,* em 1821, popularizou-o em seu *Catecismo dos Industriais* (1823) e em seu *Nouveau Christianisme,* de 1825. Partia da base da supressão do direito de herança da família. Toda a fortuna do defunto passa às mãos do Estado. Só existe o patrimônio pessoal, que deve se encontrar numa relação exata com o trabalho. Fundou uma seita sócio-religiosa: os saint-simonistas. Saint-Simon parte da concepção do mundo naturalista-científica. Exige a total realização da permanência do significado da vida. A etapa militar, feudal e medieval é substituída por uma sociedade baseada em três classes: os industriais, os cientistas e os artistas. Comte, nascido em 1798, foi, em princípio, colaborador de Saint-Simon e participou especialmente em seu catecismo. Sua obra, a *Philosophie positive.* Ambos partem de um governo centralista da sociedade. A isso se opõe o princípio de Fourier: deixe-se os indivíduos liberados aos seus instintos, então se estabelece uma harmonia da sociedade.

O socialismo se desenvolveu assim. Nega que a propriedade, o matrimônio e a família devam ser considerados sucessivamente como bases inalteráveis da sociedade e de seu agir. Pode utilizar como seu fundamento as últimas conseqüências de uma poderosa orientação científico-naturalista. Se, na seleção, a herança e a animalidade do homem devam ser vistas como os únicos princípios para as transformações na sociedade, então também a regulação das formas vitais da sociedade somente pode se basear nesses pressupostos.

Entretanto, sua moderna forma científica foi adquirida recentemente por meio do amálgama dessas teorias com a moderna economia política. A teoria da população de Malthus e a lei do salário de Ricardo serviram especialmente de base. Dela surgiu a principal obra do socialismo moderno, *O Capital*, de Marx. A partir dele continuou Lassalle. Os postulados básicos dessa teoria conformam uma unidade em toda a Europa. Portanto, compõe-se de:

1º) a base científico-naturalista: fisiologia do cérebro e biologia em correlação com a concepção de um mecanismo geral que tem no espiritual apenas um efeito colateral (sombra do real);

2º) raciocínios filosóficos: o agir ético e o pensar são rendimentos, ou o outro lado dos processos animais (princípio do animalismo);

3º) o princípio da permanência (*Diesseitigkeit*) da vida;

4º) a concepção histórica de uma etapa teológico-militar, seguida por uma etapa industrial-científica;

5º) uma análise da economia política.

Nesta sociedade domina, por necessidade axiomática natural, o capital. A população trabalhadora se multiplica constantemente numa tal medida que a forma mais pobre de manutenção aceitável da vida se mantém. Somente a alteração das relações existentes entre propriedade, herança, matrimônio e família possibilita uma ordem mais justa.

Terceiro fato: a teologia realizou gradualmente uma análise completa da história cristã e dos dogmas cristãos. Desse modo, enfrentam-se a Igreja Católica, como a mais poderosa associação com princípios morais rígidos existentes no mundo europeu atual, a ortodoxia protestante e o ceticismo religioso. Sob estas condições, no mundo protestante, a moral teológica já não tem uma influência absoluta. Sobretudo, deve-se fazer aqui uma advertência relativamente à suposição de uma verdade dupla. Quem — na teologia — se situa no terreno de Hume, Spencer etc. e reconhece os assim chamados resultados da ciência moderna, não deve esperar poder se vingar do ceticismo nas fundamentações de um mundo transcendente. Se o ideal não é imanente à natureza humana, se não pode ser transmitido em forma geral ao raciocinar humano, então na escolha entre a noite plena e um mundo de fé caído casualmente do céu regerá o jogo dos instintos. A decisão a favor da fé só será tomada pelos tontos; isto é, ou bem uma idealidade imanente ao mundo e à ciência, ou nenhuma.

Quarto fato: essa luta contra a sociedade, tal como é, também se estende ao âmbito ideal da arte. Paralelismo entre movimento em pintura e poesia. Se no século XVIII a arte continha uma resolução salvadora para os cultos, se na novela formativa, no drama, expressava o desenvolvimento interior, então, agora, na nova e inevitável orientação, trata-se de uma palavra para a miséria moral das classes incultas. Os representantes do animalismo na arte são Balzac, Dumas, em seguida Tolstoi e Ibsen.

Primeiro axioma: a organização do mundo é má, o matrimônio, a família, o patrimônio contêm corrupção. A poesia deve manifestar isso verazmente.

Segundo axioma: é necessária uma nova concepção, que garanta maior felicidade. Daí a estrutura do drama: representação naturalista e personagem liberador. Em seguida, tendência doutrinária. Estrutura da novela: herança etc., porém falta o gênio de profundidade ética. O animalismo é sempre o mesmo. A renúncia ao mundo feita por Tolstoi é irmã carnal desse animalismo e tem os mesmos traços. O individualismo de Ibsen caiu de moda para nós.

Desse modo a atual sociedade européia busca princípios que sob circunstâncias totalmente alteradas podem aclarar o significado da vida e determinar sua meta. Tudo que é antigo está como que gasto, as teorias científicas-naturalistas parecem haver dissolvido as bases que até agora outorgavam aos elementos da sociedade sua valoração. Se se afirma a vigência eterna do Cristianismo, então isto deve ser de todo modo reentendido em cada época. Em sua versão atual perdeu sua eficácia. Atua sobre algumas almas simples, que opõem sua experiência interior ao impulso da ciência moderna. Não surgiu ainda alguém que captasse de forma tão nova e profunda a verdade cristã, de um modo que esta pudesse determinar seriamente a época. Experiências, somente inícios existem neste âmbito.

Toda essa situação determina para a filosofia um equilíbrio totalmente novo das questões éticas, uma nova necessidade de princípios éticos. Especialmente: o princípio a ser achado deve possibilitar uma solução das questões sociais em curso. A tentativa não consistirá em renegar a ciência atual. O direito desta se manterá, tanto como o direito de nosso movimento social. Vamos além da concepção de vida do indivíduo. A família, a propriedade, a educação já não são deduzidas de um princípio predeterminado.

Tal a posição totalmente nova da Ética. A partir de seus princípios deve atuar diretamente sobre os grandes problemas da sociedade.

Capítulo II

OS TRÊS MÉTODOS DA SOLUÇÃO DO PROBLEMA ÉTICO

3º

Por "método científico" entendemos um processo organizado segundo axiomas que, através da aplicação das faculdades do pensar (postas a nosso serviço pela natureza) aos dados das experiências, nos permite conseguir determinar uma meta que surge em relação ao agir ou ao pensar, mediante conceitos totalmente determinados e juízos totalmente fundados. Uma meta assim é a dação de normas para a vida do indivíduo e da sociedade. Dela nascem os distintos métodos. Distinguimos três métodos científicos da Ética. São diferentes pela seleção das bases, pelas demonstrações e pela preferência de determinadas formas de condução da vida.

4º

O *método metafísico* deduz de uma concepção da coerência do mundo princípios constantes e universalmente válidos de valoração e condução da vida.

Esse método metafísico não só tem uma existência abstrata excludente na filosofia, como também é parte da concepção de vida do hindu, do grego, do romano, do homem medieval. Em alguma abreviação cada um de nós faz uso dele.

21

1º — A metafísica da razão ética universal e o princípio da ação moral num reino de Deus.

Deus é bom; da plenitude de sua natureza transmitiu às formas do mundo seus valores, de alguma maneira todo o agir humano completa a obra de Deus no mundo. A metafísica religiosa dos persas, dos gregos, dos romanos, dos germanos formou suas imagens e símbolos da coerência do mundo a partir da consciência ética ativa desses povos, do seu sentido pelo valor infinito da vida, que consiste num avançar diário. Toda a ciência e todo o raciocinar posterior somente podem interpretar, complementar, porém nunca superar a sabedoria dessa concepção da vida.

A expressão teórica, científica, dessa magna posição dos povos ativos perante a vida se acha nos sistemas dos pitagóricos, de Platão, de Aristóteles, de Cícero, da teologia metafísica medieval, da dogmática dos reformadores e das seitas protestantes e, por último, nos do deísmo e do racionalismo. Visto que essa metafísica de força primitiva só pode se extinguir junto com os próprios povos ativos, em seguida à dissolução de todos os sistemas metafísicos ela própria perdurará indestrutível como uma consciência metafísica.

2º — A metafísica da razão contemplativa e o princípio da negação do mundo.

Como a mais próxima e relacionada a ela na maioria dos sistemas, se opõe a essa metafísica aquela que contém a outra faceta do sentir indogermânico da vida: a contemplação, que abarca o inalterável, que nega a instabilidade da transformação da vida. Aparece com fé primitiva na religião e especulação hindu. É, logo, a componente dominante da dogmática cristã, porém em especial da mística cristã. Monumentos: filosofia vedanta, Plotino, o escrito falsificado de Dionísio Areopagita, Mestre Eckhard. Gnose do coração; visão de Deus. Logos = salvação através do conhecimento. Como sistema científico Schopenhauer, mas na vida moderna é o pensar científico e na arte somente paz, não na mística religiosa.

3º — A metafísica das forças conformantes e o princípio da autoconservação.

A metafísica da *natura naturans* e da autoconservação é apenas um achatamento desse profundo e ativo sentir da vida. Coloca a razão ética em forças conformantes neutras em lugar de colocá-la em Deus; conseqüentemente também deve substituir o valor infinito de um agir continuado ao serviço dos valores baseados em Deus pelo agir dos instintos vitais no indivíduo = a autoconservação. Sua força é a perfeição. No sentir vital dos celtas, dos eslavos, talvez já haja algo de uma metafísica primitiva dessa espécie mais ou menos animal. Esse ponto de vista foi representado na ciência pelos epicuristas, Hobbes e os naturalistas a partir do século XVIII.

4º — A metafísica do materialismo e o princípio da animalidade.

Esse sistema científico surgiu expressamente em contraposição à concepção superior da vida. É sustentado pelo grande movimento naturalista-científico.

Crítica

1º — Os axiomas dos quais parte a metafísica só podem ser compreendidos a partir da própria experiência e derivam portanto em outro método. Postulam-se como demonstráveis universalmente. A demonstração tem de estar fundada nas percepções, nas leis apriorísticas do pensar e nas operações do pensar. Todavia:

a) as percepções sofrem críticas, conseqüentemente também suas combinações;

b) não sabemos se o pensar é capaz de superar os fenômenos.

2º — Toda a fundamentação do método metafísico é uma pressuposição indemonstrável e não pode ser justificada do ponto de vista puramente científico: uma razoável base moral do mundo.

3º — Círculo. O sentir vital moral, a determinação vital numa sociedade determina suas concepções primitivas e a teoria metafísica. Dela são deduzidos em seguida novamente os princípios éticos.

4º — Conseqüentemente, segundo as diferenças de raças e níveis culturais, também são diferentes os princípios éticos. A diferença não pode ser conciliada. Conseqüência: então ponto de partida *sim* na experiência interior.

5º

O segundo método é o da experiência interior. Este determina o significado da vida e as metas do agir a partir da experiência interior, que é dada na autoconsciência.

1º — A experiência interior, destituída de todas as pressuposições metafísicas (ela mesma é um axioma para símbolos e imagens da compreensão do mundo) pertence de alguma maneira à sábia idade madura dos povos antigos. A afirmação do conteúdo subjetivo da interioridade como um algo independente encontro-a pela primeira vez nos estóicos, na academia tardia, em Cícero, mais decididamente no império, em Sêneca, em Plotino. Especialmente no Cristianismo, aparece pela primeira vez com pureza absoluta. Sem dúvida alguma, as logias que o Evangelho de São Mateus contém são o mais original que chegou de Cristo até nós e somente encerram uma poderosa consciência ética de profundidade inabarcável, na qual o mundo transcendente se reflete quase como as estrelas num rio. O núcleo dessa consciência é o particular amálgama do sentir vital ético ativo (isto é, o ensino do Reino de Deus) com a convicção de que na coerência desta vida o sofrer, a humildade, o sacrifício conduzem tanto à perfeição como à superação do Eu no desenvolvimento da força. Expressão deste princípio: a consciência = *conscientia*.

2º — Na época metafísica o novo axioma da experiência interior não podia se desprender do pressuposto metafísico. Cientificamente, o axioma da experiência interior foi colocado à frente por Santo Agostinho; porém, correspondendo ao traslado da consciência cristã à metafísica, foi corrompido por esta. Esta mesma mescla turva surge na mística. Em todos esses sistemas éticos há uma união de ambos os métodos, porém sem uma consciência clara, sem uma realização rigorosa da primazia do segundo.

3º — As condições do pensar que serviram como base para torná-lo independente.

Esta decantação só podia ser produzida com pureza quando, mediante o método da análise do conteúdo da experiência, se dissolvessem os conceitos metafísicos fundamentais: substância, causalidade, meta, *formae naturae* e essencialidade geral. Os laços metafísicos da coerência do mundo estavam destruídos. Isso foi obtido pela Escola de Oxford, Locke e Hume. A isso se acrescentou a dissolução da vigência de qualidades, de espaço e tempo. Isso já foi obra de Galileu, Descartes, Locke, Leibniz e Kant. A partir desse momento, com a análise da experiência interior foi dado o único meio capaz de captar um algo real, em certo sentido metafísico. Todo saber natural é somente o símbolo de algo desconhecido e definitivamente inalcançável. A transferência seguinte desse método se realizou no âmbito ético.

4º — Seus pressupostos:

1) O ético está contido no indivíduo, sendo essa razão suficiente; é criado nele, o indivíduo é razão própria ética, é sujeito moral soberano. O movimento reformista estabeleceu esse pressuposto numa consciência plena e pura; nas seitas protestantes e na igreja reformadora se desenvolveu de forma especialmente enérgica e passou a ser nelas deísmo e racionalismo. A independência da pessoa, a meta da vida na identidade da pessoa é o substrato ético de toda a vida espiritual do século XVIII. O processo ético tem seu fundamento auto-suficiente e sua única meta na pessoa.

2) Conseqüentemente, a análise científica e a dação de regras podem ser baseadas na realidade da experiência interna da pessoa. Também este axioma é considerado natural e lógico. Os ingleses relacionam com esse método o conceito da ética intuicionista. Em princípio, nós, os alemães, temos para esse método a clara expressão: método da experiência interior. Portanto, não deveríamos fler-

tar com a denominação estrangeira, como se contivesse uma sabedoria especial.

3) Desse modo, o método se baseia, definitivamente, numa sensação básica indissolúvel do homem relativa a sua liberdade moral. O homem encontra uma diferença entre a forma como nele se relacionam coisas, como premissa e conclusão, bem-estar e desejo, sob a pressão psicológica, e sua sensação de independência da ação volitiva, que está relacionada com a consciência da responsabilidade. Somente aqui o homem obtém sua soberania. Se suspendêssemos esse estado de coisas, o mundo maquinal nos pareceria insuportável. [O conceito "liberdade" não é metafísico, não expressa nada objetivo. Apenas dá nome ao estado de consciência, a uma sensação que acompanha determinadas relações em mim. A sensação de liberdade nos diz que somos sujeitos éticos. O método da experiência interior se conforma com a confirmação desse processo de consciência. Nós não inquirimos acerca da origem dos conceitos de "bem" e "mal", nem acerca do lugar de sua criação. O método da experiência interior é análise, análise da própria pessoa.]

4) Todavia, esse fato deve ser relacionado com o da relatividade da valoração ética. A restrição de horizonte, tal como a realizaram Shaftesbury, Hume, Adam Smith, Condillac, Rousseau, Kant, impossibilitou uma dissolução de validade geral e, inclusive, uma aproximação gradual desta. A razão do desenvolvimento da forma ética da vontade do indivíduo reside na "consciência" deste. Essa é uma postura vital, uma forma de vontade, não um conteúdo determinado da vontade. Como o indício mais geral da forma moral da vontade assinalo o trabalho volitivo, através do qual — não importa a favor de que

outro conteúdo — supera-se o jogo dos instintos. Porém, os princípios éticos individuais são — cada um — exposição de um conteúdo vital e este está condicionado historicamente, ou seja, é relativo. Os princípios e conteúdos éticos mostram uma variabilidade. Mas esta é condicionada pela cultura circundante. Conseqüentemente, só a observação de toda a organização de um desenvolvimento histórico da vida ética, *ou seja, o ponto de vista histórico-social, pode solucionar realmente o problema da ética.*

5) Por outro lado, o ponto de vista da experiência interior é insuficiente em relação à determinação daquilo que constitui a vida ética.

a) A experiência interior inclui em si a vida intuitiva e a autoconservação, os sentimentos de simpatia, a consciência de obrigação e de lei ética, a consciência do valor próprio das metas superiores. A experiência interior trata de estabelecer uma unidade nestes fatos diferentes.

b) Ora, metodologicamente pode-se tentar deduzir da conjunção dos componentes inferiores aqueles mais elevados. O método é quase o da experimentação psíquica com as transformações, que acha o estado A sob a condição B para C. A única demonstração conhecida por esse método é aquela em que se estabelece uma reprodução sem resistência interior.

c) Mas tal resistência já se produz quando da autoconservação e da vida instintiva se deva deduzir, numa intensidade suficiente para a ação ética, a satisfação pelo prazer e a perfeição dos demais. Logo se supõe a existência de um princípio autônomo da simpatia (Shaftesbury, Hume, Adam Smith). Porém, disto não se pode ver surgir a obrigação, mas tão-somente a compaixão, condolência, como uma expressão com a qual não se pode contar (Kant = o princípio da obrigação). Ademais, de tudo isso não se pode deduzir os valores próprios dos bens superiores (Schleiermacher, Hegel = princípio dos valores ou bens éticos baseados no trabalho prático).

Desse modo, no âmbito da experiência interior e da análise fundamentada nela, surge uma guerra de todos contra todos.

d) Por outro lado, a explicação tende para a formação de uma coesão. A simpatia atua para fundamentar um princípio. Disso surgiram em primeiro lugar as infelizes tentativas de derivar do princípio da conveniência pessoal os fatos éticos de obrigação, sacrifício pessoal etc., mediante um processo psicológico interior. Esse processo psicológico interior só tem como substância própria o egoísmo, todos os demais sentimentos e princípios derivando de processos da vida anímica individual. Os ingleses, que fundamentaram essa teoria, denominaram esses processos como "processos de associação". Assim: 1º) o egoísmo ingenuamente refletido dos epicuristas. Estes deduzem, numa força plástica nacional-greco, a conseqüência do princípio: felicidade individual, para a qual a sociedade e o Estado são tão-somente auxiliares. Segundo a conformação do mundo, tranqüilidade de espírito e amizade; 2º) ensaio inglês de derivação, fundador Hartley. Os sentimentos subjetivos de prazer são fundidos pouco a pouco com os objetos mediante associações. Os objetos se convertem então em portadores independentes de sentimentos de prazer. Estes passam a ser então tanto mais puros e desprovidos de interferências quanto mais se desprendam do Eu. Esse ponto de vista é desenvolvido por Hume. Esclarece que associamos sentimentos gerais a determinados objetos, mas não o valor próprio da moral.

6º

O método do estudo dos fenômenos morais massivos, das associações e organizações sociais e da coerência histórica, encontra a origem das regras éticas na convivência sócio-histórica dos homens e parte, conseqüentemente, do estudo do desenvolvimento da humanidade na história da sociedade, para determinar assim o surgimento, a base legal e o valor das leis éticas.

1º — Esse método adquiriu cientificidade em nosso século. Porém, a pressuposição que o fundamenta sempre esteve na consciência ética, ao lado da consciência da independência. Em reiteradas ocasiões históricas se tentou conseguir conscientemente a realização autêntica de uma vida ética superior através da coerência dos sujeitos individuais em associações de caráter ético produtivo. A comunidade pitagórica e platônica, o ideal platônico do Estado, a grande época da república romana e da aristocracia, o cristão reino de Deus, a Igreja Católica, o moderno estado ético dos funcionários e seu ideal na política de Hegel: todos são criações práticas e teóricas do tipo. Nelas estava o sindesmo (*Syndesmos*), em que o indivíduo era realmente conformado interiormente a partir de um espírito comum, mediante sujeição. Conseqüentemente, a pressuposição atua na criação dessas construções: o processo ético não se realiza no indivíduo isolado, mas, sim, na convivência social e histórica. Portanto, o transcurso desse processo não deve ser buscado no indivíduo. Torna-se duvidoso se o indivíduo é o único fim dele. Aristóteles expressa o princípio da eticidade substancial grega: o indivíduo isolado é menos ou mais que um ser humano, o ser humano é um ser social. O povo que, através dos conceitos de *imperium, communio, officium, obligatio,* separação de direito privado e direito público etc., fundamentou na prática a concepção social do indivíduo, foi o povo romano.

Na idéia cristã do império de Deus — ninguém chega ao Pai senão através de mim — também atua o princípio social cristão. Problema agudo de coexistência com soberania. A Igreja Católica desliga dessa última consciência. Ela é — ainda hoje em dia — o mais forte poder sócio-ético organizado do mundo. Isso se fundamenta no fato de que por pressuposições básicas concretas as funções ético-sociais estão ligadas a necessidades concretas da natureza humana, e entre si. Os axiomas de que a pecaminosidade é um estado social e que o processo ético só alcança o indivíduo mercê da intermediação do todo religioso sócio-ético (*extra ecclesiam nulla salus*) constituem a expressão teórica consciente dessa concepção católica do processo ético.

2º — A esta pressuposição corresponde a sentença metódica: a análise ética só pode ser feita no âmbito de experiência dos fenômenos de massa sócio-éticos em sua correlação histórica.

Na ética social existem duas frações: ou bem uma evolução na humanidade que é construída a partir da História e na qual se desenvolve a coerência da razão = teoria alemã do desenvolvimento; ou então a evolução é construída a partir da ciência biológica = teoria francesa e inglesa do desenvolvimento.

a) *A teoria alemã do desenvolvimento.*

Tipo Hegel: o *ethos* moral do indivíduo é condicionado pelo desenvolvimento do *ethos* na humanidade. A idealidade ética contida na natureza humana se forma nos níveis da vida social. Esse desenvolvimento está fixado na natureza do processo ético e na regra que a obriga a se realizar. Nela nascem valores e metas próprias (bens absolutos, que vão além do indivíduo). O método da experiência própria no século XVIII partia da pressuposição de que somente no indivíduo reside o fundamento dos processos éticos que transcorrem nele, e que são valores e metas próprias. A primeira era errônea e foi rebatida agora — historicismo, escola histórica. Uma unidade harmônica viva, criadora na língua, no mito ou na mais antiga poesia, também cria o *ethos* histórico dos povos individuais (Savigny, Grimm, Niebuhr). A outra foi duvidosa. Aqui reside o problema mais profundo da realidade histórica e ética. [Como se comporta o espírito comum em relação à vida do indivíduo? A teoria do pecado original, do processo comum de salvação, está relacionada com essas questões. A ciência está para os cientistas tãosomente na medida em que estes servem ao grande processo pelo qual se clarifica cada vez mais a consciência relativa à coerência do mundo.]

b) *A teoria biológica do desenvolvimento na França e na Inglaterra.*

Pôde surgir recentemente, desde que a ciência biológica, a moderna antropologia, a ciência histórica fundada pelos alemães cooperam com a estatística moral.

Esta contém meios totalmente novos para a solução do problema ético. Ainda não se pode determinar se esses meios atuam por si mesmos ou se combinam com os demais métodos, visando a uma solução total. De qualquer forma, esse método contém os meios para um tratamento externo empírico do problema, que permite formular afirmações parcialmente limitadas e chegar a partir delas a princípios suficientes. O método é sustentado mediante a combinação de um uso limitado do método da experiência interior.

Para a moral, a teoria biológica do desenvolvimento tem um ponto de partida no utilitarismo inglês e constitui os andaimes científicos auxiliares deste. Jeremy Bentham, contemporâneo da Revolução Francesa, buscava um axioma que evitasse tais colapsos. Sua obra principal: *Traité de legislation,* editada em 1801 por Dumont e traduzida em 1830 por Beneke com valiosos acréscimos. Buscava um axioma para o governo da sociedade, para a legislação. Definiu como meta: "O máximo bem-estar possível para a maior quantidade possível (de pessoas), ou 'o máximo de felicidade".

Apesar do problema da relação entre intensidade e extensão. Depois o problema da ordem social. Solução: com a riqueza cresce a felicidade, porém não na mesma relação, senão menos. Conseqüência: para uma distribuição igual há máximos. Isso levaria ao comunismo, porém a violação da propriedade privada põe em perigo a segurança. Essa é condição de todos os demais bens. Desse modo, a concepção atomista da sociedade, junto com o sistema utilitarista, leva necessariamente ao socialismo. Significado deste princípio, independentemente de sua fundamentação conforme à vida política do século XVIII. Certamente obscuro como regra de prazer, porém tem valor como regra de termo médio. Pouco mérito como motivo. Esta questão recente foi tratada por Mill a fundo em seu ensaio sobre o axioma da utilidade. Para a determinação qualitativa dos valores só existe um único padrão oficial de medida. Uma força que obriga surge do fato de que a determinação da tendência para o bem-estar individual se realiza segundo motivos extraconscientes e obscuros. Porém, isto só é possível se não se realiza no indivíduo, mas, sim, na evolução social.

33

Um terceiro elo necessário é Herbert Spencer. Mesmo antes de Darwin, possuía idéias básicas da teoria do desenvolvimento, porém sua obra tardia *Fatos da Ética* (*Tatsachen der Ethik*, traduzida em 1849 por Vetter) se baseia totalmente nas teorias de adaptação e herança. A vida dos seres humanos deve se adaptar constantemente às condições. Conseqüentemente, é ético cada axioma que se coaduna com a adaptação e conforma de tal modo a vida normal. Disso surge o relativismo dos axiomas éticos.

Solução deste ponto de vista: ético = são. Ético também o animal, e os atos mediante os quais se realiza a adaptação não são valores próprios, mas sim, somente meios, trabalho realizado em favor do efeito de prazer. Eticamente, tudo isso é insuficiente, e a forma em que se realizaria resulta fisiologicamente inexplicável. Podemos conceber que na evolução biológica se conformam novas conexões nervosas e desse modo os princípios para processos reflexos mais complicados. Porém uma formação hereditária de células nervosas, mediante a qual se convertem em portadores de todo o sistema de representações, das atitudes morais internas, é, do ponto de vista fisiológico, uma tolice. A isto se deve acrescer que toda a teoria hereditária — nessa forma — foi posta em dúvida por Weismann.

7º

A controvérsia dos métodos leva à necessidade de uma fundamentação da ética, tanto do ponto de vista crítico como do ponto de vista da teoria do conhecimento.

1º — Nenhum dos três métodos conseguiu interpretar os fatos do mundo moral e derivar deles princípios do agir de valor geral.

A coerência de nossas representações está numa relação rígida com a conformação de nossos sentimentos e de nossa vida instintiva e esta com nossos atos. Mas enquanto na teoria metafísica os motivos éticos têm de surgir da observação teórica, na metafísica autóctone dos povos europeus a concepção do mundo parte inversamente dos motivos éticos ativos. A isto corresponde a estrutura das idéias em Platão e Kant.

2º — O círculo no método metafísico.

Segundo coerência estrutural surgem axiomas verdadeiros da conjunção de conhecimentos individuais sob uma volição. Não existe teoria alguma que pudesse determinar a vida e ter uma origem puramente teórica. A superação na generalização metafísica só está condicionada por uma volição. Somente sabemos que na coerência do mundo atua ou se constrói um algo superior porque extraímos conclusões a partir do moral. Como observou muito bem Schleiermacher, o absoluto só nos é dado através de uma conclusão assim.

3º — Como se vê, o método metafísico acomoda-se a todos os pontos de vista. E mais, entre os sistemas de concepção do mundo existentes na maioria dos seres humanos e o método da experiência interior não existe nenhuma contradição, porque essa experiência interior determinou essas concepções. O ponto de partida se encontra indefectivelmente nessa experiência interior. Somente as bases desta são sólidas e seguras. Somente sobre estas últimas pode-se fundamentar a consciência metafísica. Por isso, somente um tratamento crítico do mundo exterior está em condições de estabelecer um entendimento entre a experiência interior, a consciência da idealidade (*Gedankenmässigkeit*) do mundo e os conhecimentos naturalistas-científicos.

4º — Entre a teoria evolucionista e os fatos da experiência interior também se pode estabelecer um entendimento somente a partir da consciência crítica. A teoria evolucionista, que supõe que a coerência mecanicista da natureza, o caráter que acompanha os processos psíquicos e a derivação da evolução se realizam a partir do mecanismo inanimado do meio ambiente, ou seja, em definitivo, a partir da casualidade, deve degradar o desenvolvimento ético a ser um fenômeno secundário totalmente irrelevante para o devenir do mundo em sua massividade e necessidade. Estes processos éticos se convertem em uma necessidade impotente e em uma obrigação da consciência, que nada muda no devenir do mundo. Sem estes processos correlacionados seria o mesmo.

5º — Desse modo, existe na humanidade uma luta entre os impulsos inferiores e os superiores, na História uma luta entre a concepção sensorial-racional do mundo e a experiência interior integral. Essa luta é a causa última da indissolúvel controvérsia dos sistemas da metafísica na humanidade. Somente através do autoconhecimento pode ser superada. A ética só é possível com base no autoconhecimento.

Todavia, o utilitarismo surge como uma espécie de filosofia de compromisso. Domina a ética européia da atualidade sobretudo porque parece oferecer na prática e na teoria o compromisso entre as formas de convicção em luta entre si.

Depois de reinar por muito tempo na Inglaterra, onde agora está em processo de dissolução, converteu-se na Alemanha numa espécie de filosofia burguesa. O fato de a ética só poder ser sustentada a partir do autoconhecimento e da consciência crítica, mediante a supressão do parecer sensorial e da mera opinião racional: esta sentença deve ser consolidada então em primeiro lugar através de uma crítica do utilitarismo. Isto se encontra no acesso a uma fundamentação crítica da ética.

Capítulo III

O UTILITARISMO COMO COMPROMISSO ENTRE A OPINIÃO RACIONAL-SENSORIAL E A CONSCIÊNCIA ÉTICA

8º

Conceito e posição do utilitarismo

Ao se observar agora a aplicação desses métodos nos trabalhos sobre ética da atualidade, surgem somente dois sistemas realmente dignos de uma crítica científica: um deles concluído, presente numa exposição clássica, compreensível em seus efeitos, o utilitarismo; o outro nos escritos de grandes historiadores, presente na orientação espiritual de nossos grandes homens públicos, ainda não conformado cientificamente: o princípio psicológico-histórico, aquele do trabalho cultural.

Em primeiro lugar, o utilitarismo assumiu na Europa a herança do sistema de moral e religião naturais, assim como a do direito natural. Esse sistema anterior do século XVIII e do Iluminismo tinha seus representantes clássicos em Leibniz, Locke, Rousseau, Kant, Lessing. Não importa a diferença existente entre eles — coincidiam na seguinte suposição: os sistemas da cultura humana incluem uma razão, esta pode ser desenvolvida numa coerência racional, sendo que esta última contém dois princípios do agir prático.

Este sistema teve efeito destrutivo sobre a ordem social feudal, católica e absolutista da França; durante a Revolução Francesa mostrou que estava em condições de destruir essa ordem, porém foi à bancarrota ao pretender estabelecer uma nova organização. Na Alemanha, ao contrário, o mesmo sistema — sobretudo no governo de Frederico, o Grande — protagonizou uma verdadeira reforma.

Na terceira e quarta décadas de nosso século XIX tal sistema utilitarista surgiu na Inglaterra.

9º

Jeremy Bentham

1º — *O princípio (axioma).*

O fundador da orientação, Bentham, desenvolve o princípio do bem-estar geral. Segundo este axioma, todos os atos de legislação e todas as leis da eticidade devem reconhecer como base a orientação da vontade para o bem-estar comum. Bentham o define mais aproximadamente como aquele que encerra a maior felicidade possível para a maior quantidade possível de pessoas. E exige que na determinação das regras do agir nenhuma outra concepção à margem desta deva exercer qualquer influência.

Utilizando este axioma, trata de iluminar a intrincada e incompreensível estrutura da vida estatal e jurídica existente. Mostra-se inflexível na indicação da irregularidade e ineficiência dessa estrutura, comparado com a moderna idéia de comodidade. Não indaga acerca de que interesses, motivos e influências determinaram a estrutura existente. Não questiona acerca das funções que foram e são exercidas. Julga a velha estrutura segundo seu princípio moderno e descobre que dela deve subsistir o menos possível.

Desse modo, a crítica de Bentham é revolucionária. Julga a partir do exterior, a partir de um princípio abstrato, sobre aquilo que foi formado numa função histórica. Se lhe cabe justificação, então Bentham tem razão na aplicação de qualquer procedimento de destruição. Só não tem razão quando se detém diante dos interesses da burguesia, porque a conseqüência desse ponto de vista é o socialismo.

2º — *O meio de tornar aplicável este princípio à legislação.*

a) A missão e seu significado.

Bentham empreende a tarefa de encontrar um método capaz de tornar utilizável esse procedimento para a solução concreta de implantações legislativas e sócio-éticas. Por essa grande intenção deve ser considerado o fundador da ética moderna (a ética social). Porque o fato de faltarem os elos intermediários entre os axiomas e as realizações práticas foi lançado ao rosto da idiossincrasia do homem — só o dela — por todos os sistemas anteriores, mas não à prática do agir do Estado.

b) A forma de sua solução.

Esta meta exige que os valores dos sentimentos de prazer e não-prazer (desagrado) sejam compreensíveis em sua totalidade, e, ademais, que sejam determináveis para a missão individual. Bentham goza de um talento que lhe permite rubricar e medir o imensurável e o incompreensível, que lembra o Sr. Pickwick*. Estabelece que os momentos determinantes da medição são: 1º) intensidade; 2º) duração; 3º) segurança; 4º) proximidade.

---

*Alusão a um célebre personagem de Charles Dickens (N. Editora).

Da combinação dos sentimentos entre si acrescenta: 5º) a consideração quanto a se esses sentimentos irão motivar outros, talvez de natureza oposta. Como outro momento da apreciação estabelece, 6º) a distribuição de bens ou males entre uma determinada quantidade de seres humanos.

O mais útil para a implementação do sistema utilitarista é a diferenciação que Bentham efetua entre distintas ordens de males. O prejuízo que uma pessoa sofre diretamente como conseqüência de uma ação deve ser considerado como mal de primeira ordem. Desse modo a perda da propriedade ou da vida como conseqüência de um assassinato é um mal de primeira ordem. Em seguida distingue os males que são derivados mediatamente ou através do tempo de uma ação prejudicial. Desse modo, de cada furto deriva uma acentuação da sensação de ameaça da propriedade, e com o tempo um abandono do espírito de iniciativa e uma diminuição do conceito de justiça. Dessas observações deduz-se que não só são desagregadoras aquelas ações que produzem males de primeira ordem, como também (e segundo o princípio máximo) aquelas que não produzem males de primeira ordem e ainda as que produzem conseqüências úteis, se, ao mesmo tempo, estendem suas conseqüências perniciosas de segunda ou terceira ordem à coerência maior da sociedade.

Bentham também leva em conta a forma como o temperamento, a saúde, a cultura, a profissão, o poder de bens e males influenciam o espírito.

c) A insuficiência da solução. Crítica.

Está claro que na realidade o agir do Estado, as considerações do legislador, são constantemente influenciadas por elucubrações desse tipo. Cada lei que é apresentada a qualquer corporação européia deve ser justificada através da influência que exerce sobre o bem-estar da população. Porém a elucubração do legislador não chega a esse resultado através de uma medição de sentimentos. Parte da função de uma regra geral para a economia da vida social; esta é reconhecível no surgimento de necessidades. Mede-se tendo em conta seu valor quanto à relação das funções no campo social, e externamente na intensidade da necessidade emergente. Uma lei militar não pode ser aprovada levando em conta considerações relativas a sentimentos de dor que evita. Essa mesma sentença indica, dentro do marco do raciocínio científico, que o delineamento de Bentham não tem solução, falta o padrão de medida da determinação de magnitude, falta a possibilidade de adicionar as somatórias de sentimentos e, por último, a indiferença da consciência contra diferenças qualitativas (suposta por Bentham), somente é uma hipótese que não condiz com o sentir vital dos homens. Mesmo aqui se pretendem e desfrutam conteúdos. Segundo ele, no âmbito da satisfação que busca na vida, é o mesmo se como ostras estabeleço um axioma científico. O *déficit* básico de sua teoria é um atomismo e um desprendimento dos instintos e necessidades reais.

Desse modo, esta consideração tão-somente leva ao fato de a concepção de Bentham dever ser substituída por uma concepção sócio-histórica, que parte dos instintos no homem e das funções da sociedade.

     3º — *A utilização desse princípio mediante a determinação de uma sanção.*

Como o grande mestre Pickwick, Bentham deve compendiar e rubricar novamente. A sanção é quádrupla: 1) Física, ou seja, que o prazer e o não-prazer se sucedem segundo o ditame da natureza = *law of nature.* 2) A sanção moral, ou seja, os sentimentos de outras pessoas originadas pela forma de agir = a lei de Locke da opinião pública. 3) A sanção política, ou seja, as conseqüências ligadas a certos atos, co-determinadas pela lei e pela superioridade = prêmios e castigos. Hobbes e Locke já assinalaram a influência dessa força também na conformação dos costumes. 4) A sanção religiosa, ou seja, as conseqüências de uma ação do ponto de vista da crença religiosa. Estas são registradas simplesmente e sem comentários por Bentham.

Ora, a lei fundamental da sanção reside na intensificação da força de motivação através da combinação das distintas sanções; a base inalterável é a natural. Quando estas conseqüências se coordenam, se entrecruzam numa ação, surge uma relação estável entre a ação e a idéia que diz se ela é boa ou má. As conseqüências no âmbito da consciência não são mencionadas. Isso não é casualidade. O castigo da consciência, o arrependimento em nós mesmos, é uma mera conseqüência da relação exterior. A questão principal da ética é: a consciência é um mero reflexo das conseqüências exteriores dos atos?

10º

John Stuart Mill

I — *Luta contra a fração idealista da Escola da Experiência Interior*

Em Mill, a investigação da base principal do ético recorda, em seu ponto de partida, totalmente as investigações de Hume em torno dos princípios da moral, que, segundo conteúdo e forma, é decididamente o expoente máximo da literatura ética da Inglaterra.

As diferenças morais como tais são um fato indiscutível da vida humana. Dizemos que determinadas ações ou inclinações são justas, que outras são injustas; isto significa algo assim como aprová-las ou reprová-las. Ao observar ações e inclinações do primeiro tipo, temos sentimentos agradáveis e sentimentos opostos ao observar atos do segundo tipo. Todavia, todos somos conscientes de que esses sentimentos não são totalmente idênticos aos nossos sentimentos restantes de prazer e de dor.

Esses fenômenos — conhecidos e aceitos por todos — devem ser explicados agora através das teorias opostas: a idealista e a empírica ou positivista. Sem dúvida alguma, Mill exagera a oposição de ambas as orientações, que somente em momentos isolados do desenvolvimento se opuseram com a aspereza e exclusividade com que o relata. Todavia, é certamente um traço característico sempre presente na ética idealista, que Mill designe a diferença entre justiça e injustiça como um fato último e não dedutível, ademais, como obra de um poder original — e os sentimentos acompanhantes — como *tão* específicos como qualquer gênero de impressões sensoriais. Tanto que a escola empírica vê nas expressões da eticidade produtos de uma evolução psíquica altamente sofisticada, ou fenômenos compostos aos quais cabem os mesmos axiomas da análise aplicados às demais idéias e sentimentos compostos. Sobretudo afirma a coerência desses fenômenos com a felicidade humana, coerência esta negada pela escola intuitiva.

A intensidade e decisão com que Mill se opõe às suposições da escola intuitiva demonstram claramente quão pouco puderam enganá-lo na observação das falhas dessas teorias o reconhecimento da força intelectual de um Platão, de um Coleridge, de um Carlyle. Tanto que a hipótese intuicionista realmente toma a sério suas pressuposições, que para Mill não é muito mais que uma ferramenta útil para justificar pré-julgamentos e negar a análise de toda crença arraigada e de todo sentimento cuja origem está situada fora do âmbito da lembrança.

Muito do que Mill diz referente a isso soa como se o dissesse expressamente como Carlyle, que de todos os seguidores da escola intuitiva foi o que mais influência espiritual exerceu na Inglaterra. É que, nas questões que se referem aos problemas mais profundos da conformação prática da vida, ninguém apelou de forma tão tempestuosa e apaixonada ao sentimento direto e à imaginação como Carlyle, deixando de lado todos os métodos científicos de investigação existentes na ética e na filosofia social. Mais poeta do que pensador, esse homem espiritual e entusiasmado sem dúvida conseguiu um grande efeito sobre os sentimentos; porém Mill viu com toda clareza que desse modo é possível despertar afetos, mas não se aproximar de uma verdadeira promoção de questões tão dificultosas.

A antítese entre uma ética que aceita os critérios externos da sucessão de prazer e não-prazer, e aquela que somente quer se basear na convicção interior, é então equivalente à antítese entre progresso e estancamento na ética, equivalente também entre investigação razoável contínua ou endeusamento de costumes herdados. Nisso, a teoria intuitiva caminha seriamente. Mas, numa observação mais detida, percebe-se que tudo que obtive de prático (isto é, todos os intentos de derivação e fundamentação de suas normas) foi conseguido em detrimento da conseqüência. Isso ao fazer um uso sumamente extenso — se bem que encoberto — dos critérios externos (isto é, da consideração ante conseqüências prováveis) também naquelas teorias que o afastam por princípio. O fato de que Kant, na intenção de derivar da razão pura a máxima de sua vontade geral legisladora, cai de forma quase ridícula na consideração das prováveis conseqüências práticas de um agir determinado, foi estabelecido por Mill categoricamente na Alemanha, e antes dele, também, por Schopenhauer, Benecke,

Feuerbach. Porém, também na forma que Fichte deu à ética do imperativo categórico, esta esguelha aquela dificuldade só pelo fato de que representa toda a conformação concreta da ética como meio necessário para a consecução de uma meta superior, a autonomia pura do sistema da razão. Neste princípio, que por certo já não tem nada a ver com motivos individuais, introduziu Fichte a totalidade do conteúdo vital mais perfeito. Desse modo pode-se protestar contra qualquer teoria da felicidade, e, contudo, se possui no conceito de felicidade identificado com o ético — misteriosamente velado — essa mesma força que o eudemonismo eleva abertamente à categoria de princípio, dando-lhe o caráter de sensações depuradas e ampliadas de valores.

II —*O princípio de felicidade em Mill*

1) O PRINCÍPIO

Mill define esse princípio da seguinte maneira: o fim último de todo agir humano, ou seja, o máximo bem no sentido da filosofia antiga, é — tanto para o indivíduo como para a espécie — uma existência na medida do possível, livre de dor e repleta de alegria; ambos os conceitos entendidos do ponto de vista tanto da quantidade como da qualidade, e de onde, naturalmente, decide o juízo daqueles cuja experiência é a mais rica e cuja consciência é a mais madura. Esse fim último do agir é necessariamente, ao mesmo tempo, critério de eticidade.

2) O PADRÃO E A MEDIDA

Esse padrão de medida não é arbitrário, mas oriundo da natureza e da experiência. Valores comparáveis só podem ser julgados por aquele que pode comparar porque conhece coisas distintas. Nesta questão, ninguém pretenderá o ensinamento do ponto de vista do animal ou do homem tosco-sensual, que nunca conheceu outros prazeres. Mas se se averigua no âmbito dos conhecedores, dos pensadores, surge inquestionavelmente um fato, cuja acentuação decidida por parte de Mill é tanto mais interessante porquanto sua negação deparou no moderno pessimismo alemão com mais de um de seus sofismas mais surpreendentes: por exemplo, a existência de diferenças qualitativas nos sentimentos de prazer e não-prazer. Nenhum ser humano que alguma vez haja sido capaz de produzir em certo grau sentimentos puramente sociais e espirituais desejará trocar a faculdade de tal sentir pela maior quantidade e máxima duração de prazeres exclusivamente sensuais — sem ter sequer em conta razões morais. É esta uma sentença — reciprocamente — confirmada pela observação muito repetida do fato de que a insatisfação com a vida, numa situação exterior relativamente favorável, é no geral uma conseqüência de estreiteza espiritual e autolimitação egoísta. Supõe-se que, quanto mais subordinada for a organização espiritual de um ser, mais facilmente poderá ser conformado. Quanto mais elevado for o desenvolvimento espiritual, quanto mais completas forem as necessidades, tanto mais difícil será encontrar a felicidade. Mas o fato daquelas diferenças naturais de valor entre as distintas formas de consciência, independentemente de todo desfavor do transcurso do Universo, se mantém: ela é a base de tudo aquilo que se designa como "dignidade humana".

3) ESTA ÉTICA TAMBÉM VALE PARA OS PESSIMISTAS

Esta concepção deve valer também para o pessimista, e mais, especificamente para ele, porque quanto mais escassamente considere o valor real da vida, tanto mais mede essa futilidade com o padrão de medida de seu ideal de felicidade. Se considera que a felicidade é inatingível, deve aprovar todos os intentos de diminuir e amenizar a dor existente no mundo.

Ainda que não haja mais que isso, a ética utilitarista ao menos pode apoiar esse eudemonismo negativo. Porém, Mill está muito distante da concepção pessimista da vida. É certo que observa todos os danos e todos os males da vida com o olho do pessimista, isto é, com clareza sem reservas, tal qual são; porém este estado desolador da existência atual não pode ser considerado irresgatável, nem a última palavra do desenvolvimento, em vista da deficiente organização da sociedade humana e do insuficiente aperfeiçoamento de nosso saber e querer.

4) NORMAS MORAIS

Quer dizer que, no sentido de Mill, pode-se definir a eticidade como o compêndio das normas da conduta humana, mercê de cujo cumprimento se teria logrado tal estado de felicidade de um alcance o mais amplo possível.

É óbvio que, sob aquele estado de felicidade que aparece como meta da conduta ética, não se pode compreender senão aqueles componentes da felicidade que dependem da vontade humana e da consonância ordenada dos esforços humanos, porém, de nenhuma maneira aquilo que está condicionado por estados gerais da natureza e pelo jogo imprevisível da casualidade. Ademais, deve-se assinalar que a fórmula de Mill, na verdade indicada mais acima, tem uma expressão algo excessivamente absoluta, que, se bem que caiba ao nosso ideal ético atual, não se harmoniza de nenhuma maneira com uma aplicação histórica. Isso pode ser obtido sem dificuldade se se define o ético como a soma das normas através das quais — segundo o juízo dos homens espiritualmente mais destacados de cada época e de cada povo — se teria produzido a maior soma de felicidade no âmbito da comunidade humana. De onde este último conceito de comunidade se eleva gradualmente da aplicação restrita ao âmbito dos companheiros de tribo, povo ou religião, até uma aplicação cada vez mais universal.

III —*Refutação das objeções contra o utilitarismo*

Mesmo desse modo, o princípio estabelecido está exposto a uma série de objeções.

O prazer e o não-prazer, ou em sentido mais amplo, a felicidade e a infelicidade, são os únicos impulsores de todo agir. A esta sentença se opõe freqüentemente esta outra, no sentido de que a bondade moral é pretendida "por si mesma". Que significa este "por si mesma"? Evidentemente, nada mais que: o ético é uma meta na qual nos detemos e nos tranqüilizamos, ao nos agradar a consciência do ético e nos doer a ausência da mesma. Nesse caso, só desistimos de outras metas e benefícios, que talvez pensamos obter através do ético, mas de nenhuma maneira desistimos de toda relação com o prazer e o não-prazer. Mas não existe nenhuma contraposição entre o ético e os sentimentos de prazer? Em alguns casos, certamente, mas não é conveniente exagerar. Em cada época e por cada indivíduo, em determinados períodos de seu desenvolvimento, certos componentes daquilo que se considera ético não são buscados por si mesmos, isto é, pelo prazer combinado com eles, mas, sim, como meios que visam evitar outro não-prazer, alcançar outro prazer. Porém, pouco a pouco, e em virtude de uma transformação infinitamente reiterada na vida humana, aquilo que antes somente foi valioso como meio, se converte agora em meta por si mesmo, ou seja: em objetos de sensações de prazer e não-prazer.

Portanto, e exatamente da mesma maneira que o haviam feito Fichte, Hegel e Feuerbach, e como o deve fazer qualquer teoria ética um pouco mais profunda, Mill chama a atenção sobre a parcial contraposição entre inclinações e instintos por um lado, e a vontade (ou seja, a tendência clarificada e depurada através de uma reprodução desenvolvida e uma atividade intelectual), do outro lado. Porém, enquanto as teorias idealistas colocam em lugar mais preponderante o momento ativo da atuação da razão neste desenvolvimento da vontade, Mill, ao contrário, sublinha o poder do costume, que, por último, enfrenta com certa autonomia a vontade primitivamente dependente em forma total de inclinações e instintos. Desse modo, e em virtude de uma associação consolidada, essa vontade se dirige a coisas que originalmente não despertavam nela uma inclinação direta. Conseqüentemente, certas metas não são desejadas porque teriam sido apetecidas, mas, sim, nos aparecem apetecíveis porque as desejamos. Um processo que não pode faltar nem sequer no desenvolvimento ético dos caracteres mais autônomos, mas que na maioria das pessoas se conforma diretamente à regra. O começo da formação ética não pode ser outro senão a associação do justo com o prazer, do injusto com a dor, e que o educando experimente com ambos os sentimentos, o prazer e a dor. Somente assim a vontade alcança pouco a pouco a faculdade de desejar coisas (e ligar a elas o prazer), que originalmente estavam distantes dela, e que para ela não têm valor imediato, a não ser somente através de uma apreciação geral, como pressuposição da felicidade universal.

Portanto, o ético somente resulta compreensível como um produto de desenvolvimento: esta é a conclusão resultante dessas considerações e com a qual Mill, por um lado, complementa com toda a felicidade um vazio muito sensível na antiga concepção de Hume, e por outro lado, mediante a ajuda de sua psicologia da associação, cimentou um enorme trabalho prévio para o posterior evolucionismo. Mill já reconheceu nesse desenvolvimento as duas orientações que logo foram diferenciadas como autogenética e psicogenética; nos transcursos das gerações e através das experiências acumuladas da humanidade se desenvolve aquele critério de ajuizamento ético em suas exigências individuais, e se desenvolve a adaptação dos indivíduos às normas estatuídas de acordo com aquele critério.

O surgimento daquele critério tem tão pouco de incompreensível que causa grande estranheza que um processo tão claro tenha podido ser envolto em tanta obscuridade. Em geral, cada ser humano sabe perfeitamente como quer que seja o outro, do que lhe agrada nele e do que lhe dói dele; e seria algo realmente estranho se não se derivasse para cada época e para cada povo, do conceito do que cada um deseja do outro, um padrão de medida do "bem-estar geral".

Por suposto, e como o assinalou de forma análoga também Feuerbach, esse ajuizamento do indivíduo por parte dos demais — segundo seus padrões de medida e suas esperanças — de nenhuma maneira é idêntico a partir de um princípio com juízo próprio; nem o que aqueles desejam de nós é seguramente idêntico ao que desejamos nós mesmos. Justamente por isso representa uma compreensão totalmente errônea do utilitarismo se se lhe lança ao rosto

50

que com seu axioma pretende retirar do mundo tudo o que signifique renúncia ou sacrifício. Aquilo que o utilitarismo afirma é simplesmente que também os atos de abnegação devem ter um fundo eudemonológico, se pretendem ter caráter ético. Que, de alguma maneira, devem se legitimar como meios para a promoção desse fim último. A ética utilitarista sabe da História ética da humanidade, quão dura e constante é a luta de cada povo em cada época para extrair e impor aos instintos naturais de cada indivíduo aquilo que o povo considera valioso. Quase todas as qualidades da humanidade dignas de ser tidas em conta não são produtos dos instintos naturais, mas sim, de uma vitória da reflexão e da volição consciente sobre os instintos. O valor, a verdade, a limpeza são produtos da educação do homem. Em todos os pontos, pessoas individuais devem ter desenvolvido primeiramente qualidades éticas através de um talento singular antes que estas pudessem ser consideradas como obrigações. Ademais, tampouco se pode utilizar como argumento contra o utilitarismo o fato de que no caso individual fica impossível descobrir as conseqüências de um agir, porque entre o princípio máximo e a ação individual existem máximas, juízos valorativos relativos a formas de agir e a caracteres, que são utilizados para o juízo. Estes conformam o tesouro de conceitos morais transmitidos na educação. Não é necessário quebrar a cabeça para saber o efeito que o assassinato de uma pessoa poderia ter no bem-estar geral.

IV — *Conseqüências últimas*

A honestidade e o que há de multifacetado em Mill lhe permitem perceber toda a dificuldade, tornar compreensível desde suas bases o motivo de cuidar pelo bem dos demais; e desde aqui seu princípio conduz por si mesmo até seu antônimo. Não como crê Jodl, visto que no reconhecimento de que o ético é uma qualidade da pessoa, e que essa qualidade reside na volição altruísta de um algo objetivamente ou geralmente bom, unem-se utilitaristas e idealistas. Mill cai num círculo errôneo ao utilizar a ajuda da educação e da legislação. A educação há de vincular ao homem a felicidade e o agir útil para a comunidade, a legislação há de colocar na maior harmonia possível o interesse particular e o interesse da comunidade. Na educação isto supõe a incitação de uma ilusão, logo que o entusiasmo real tenha sido assassinado teoricamente. Com o correr dos anos, Mill tende cada vez mais a sacrificar as conseqüências do pensar que surgem de seu axioma em altares dos sentimentos que facilitem a felicidade humana; e a harmonia estabelecida pela legislação seguramente está nessa orientação, porém somente na pequena medida em que leis podem atuar sobre processos éticos.

Desse modo, Mill busca para o caso de uma colisão um motivo ético mais profundo, uma sanção para a obrigação ética de impulsionar o bem comum. Até um momento havia duvidado da existência de sentimentos morais e agora faz uso da teoria da simpatia — mais ainda, baseia toda sua esperança na teoria religiosa da unidade do indivíduo com as demais.pessoas ao lado dele. Ou seja, que um talento moral inato e uma obscura pressuposição metafísica conformam o refúgio do desesperado utilitarismo. Talvez Mill não queira ver que esta fundamentação metafísica é a supressão precisamente das pressuposições atomistas das quais surgiu o axioma da felicidade. Mais decidida ainda é a bancarrota no princípio utilitarista de Mill relativa à liberdade. Em concordância com Pestalozzi, Humboldt e Goethe, Mill enfrenta aqui o princípio do desenvolvimento individual com a mecanização socialista da sociedade. Fala-se da obrigação do autodesenvolvimento, não há nenhum motivo de este estar presente no sistema utilitarista. E mais, isto é indício de uma tendência da natureza humana, cuja suposição de existência devia ser uma aberração para um utilitarista de lei. Desse modo, e num estranho desenvolvimento que o próprio Mill relatou não sem certo autoflagelamento, se produz a autodissolução do utilitarismo.

11º

Crítica do utilitarismo

Sem incluir qualquer hipótese, pode-se encarar o sistema utilitarista com as seguintes considerações gerais. Em sua forma inglesa, este reside em definitivo na suposição da harmonia natural entre o bem-estar pessoal e o comunal. Porém isso não significa harmonia no sentido da conhecida sentença de Carlos V: "Meu irmão Francisco I e eu estamos de acordo, pois queremos o mesmo", mas a pressuposição é que o agir para o bem comum, em cada caso, e devido à organização natural da sociedade, é a melhor forma de atender aos demais. Mas isso somente ocorre quando e enquanto a legislação e a educação alcancem tal resultado.

Desse modo, o sistema da liberdade individual se abandona e deverá ser substituído por um sistema de dirigismo do indivíduo até no mais íntimo de suas convicções, no caso em que se pretenda manter o utilitarismo. Conseqüentemente, no âmbito moral se realiza o mesmo processo que se realizou no âmbito da economia política. A antiga economia inglesa pôde ser reduzida por Bastiat ao princípio da harmonia natural dos interesses na vida comercial. Mill foi um grande representante dessa teoria. Mas a mais moderna economia política demonstrou que isso é uma ficção, e ainda com maior clareza o demonstrou a própria vida. Sob a pressuposição do direito de herança, a sociedade abandonada a si mesma cai nas mãos do capitalismo e cada ordem legal é uma força reguladora em meio aos interesses econômicos. Desse modo, no campo da ética social, o utilitarismo de Mill teve de ceder seu papel executivo ao princípio de uma direção da sociedade para a consolidação do bem-estar comum, ao princípio do socialismo e de seu filósofo Comte.

Isso se conclui também da seguinte consideração: o utilitarismo foi uma teoria muito agradável para a burguesia só enquanto foi utilizado para tirar de seu caminho os restos da ordem social eclesiástico-feudal. Desse modo foi conveniente uma aliança com o liberalismo radical dos burgueses na Inglaterra. Mas, quando o princípio do máximo de felicidade já não tem a cortesia nem a humildade de se deter diante da propriedade e do direito sucessório, conclui-se que esse princípio conduz irremediavelmente ao sistema socialista, à democracia social. Bentham reconheceu com franqueza: a maior felicidade possível da maior quantidade possível de pessoas é a única fórmula possível, se se somam unidades estatísticas equivalentes na sociedade e se adiciona seus quantos de prazer; ademais, reconheceu a influência nessa conta do princípio desenvolvido por Bernoulli em sua *mensura sortis*. Segundo Bernoulli, o aumento de bem-estar que proporciona um benefício é inversamente proporcional à propriedade já existente; segundo Bentham, o crescimento da felicidade através de um bem limitado não é proporcional a esse bem, mas sim à relação deste com os bens já possuídos pelo indivíduo. Disso advém, para a distribuição da riqueza e de seus conteúdos de felicidade, que uma quantidade dada, que para um pobre tivesse representado a duplicação de seus meios de felicidade, para um rico só representa um aumento muito pouco significativo. Conseqüentemente o máximo de felicidade numa dada sociedade só será atingível com uma distribuição aproximadamente igual dos elementos de prazer. A isso deve-se acrescentar que os sentimentos surgidos da distribuição trazem à minoria menos felicidade que a dor que trazem à grande maioria. Desse modo somos conduzidos para a outra fração do utilitarismo, que hoje em dia captou esse princípio: a moral do socialismo.

Oportunamente, Hume ajudou o desventurado Jean-Jacques Rousseau e o trouxe à Inglaterra, já se sabe com que resultado. Da mesma maneira, John Stuart Mill ocupou-se mais tarde de Comte; seus olhos sempre permaneceram dirigidos para esse grande filósofo — tão importante para a França. Era a atração que uma forma superior do princípio utilitarista devia exercer sobre os ingleses.

(Mas também o ponto de vista de Comte encerra um círculo vicioso que impede a solução. Se a meta é a felicidade, não é lógico abandonar minha própria felicidade, que já possuo, nos altares da felicidade dos demais. *Todo o eudemonismo não é mais do que o reflexo psíquico da moral.* Os motivos verdadeiros são totalmente distintos. Sede de vingança combinada com autodestruição — altruísmo. O gênio dedica sua vida a trabalhos científicos. O poderoso vive para suas paixões e seus instintos. O grande desenvolvimento da História não teria sido factível apenas com o eudemonismo.)

12º

O princípio teórico-cognoscitivo de uma possibilidade da moral

1) A validade objetiva dos fatos da experiência ética não pode sustentar-se no ponto de vista da crença, senso-

rial. Neste, cada processo exige uma base substancial; a sensibilidade, a reprodução, a memória, o instinto, a sensação estão condicionados pelo transcurso dos processos fisiológicos correlativos a eles. Se se desprendesse os processos morais, livres, vivos e superiores dos processos psíquicos elementares, então estes pertenceriam a uma substância anímica superior, que em sua cooperação com os processos psíquicos inferiores suspenderia a unidade da consciência. Nem bem se começou a reconhecer os fatos superiores da vida anímica e, necessariamente, teve de aparecer esse dualismo psíquico. Platão, Aristóteles, a filosofia e a teologia medievais, a atual metafísica católica, todos tiveram de sucumbir a essa contradição.

Mas basta negar os fatos éticos superiores para afirmar a existência de um sistema científico e logicamente, conseqüentemente, surge o materialismo prático. Esta compreensão pode ser considerada como a raiz do sistema de Kant, juntamente com o intento próprio de utilizar para a solução desse problema as considerações teórico-cognoscitivas do século XVIII. Mas a dissolução kantiana da substância, da unidade metafísica da alma e de unidades materiais, embora tenha criado espaço para o mundo ético, não criou as bases suficientes para a possibilidade de sua implementação.

2) A realidade ou a validade objetiva do dado na experiência interior consiste no fato de que o prazer, a dor e as paixões conformam a própria vida. Sua existência é idêntica à existência de uma consciência. A existência de um sentimento e o sentir não são duas coisas distintas, são a vida, e todo o resto pode ser considerado como o que lhes presta servidão, sua cenografia, seu fundo.

3) A realidade do mundo exterior e dos objetos consiste no fato de que com segurança me encontro condicionado como unidade de volição por um outro,

56

distinto de mim. Este é o verdadeiro conceito de causa. Desse modo me encontro compelido a afirmar uma multiplicidade de forças.

4) Desse modo surge para as unidades volitivas, cuja coerência segundo regras éticas conforma o objeto da moral, a posição teórico-cognoscitiva sob a qual têm de ser consideradas.

Na filosofia abstrata da nova Europa formou-se em primeiro lugar a representação mecanicista básica: todos os processos físicos, luz, calor etc. são explicados mediante redução a processos de movimento. Logo se exigiu teoricamente a redução dos processos biológicos a processos físico-químicos. A sensação, o sentimento, a representação, o pensar foram separados deles e se supôs a existência de um âmbito de processos conscientes coerente em si mesmo. Este último se colocava quanto àqueles processos em certa relação de correlação, correspondência, dependência etc.

Diante desse compêndio de hipóteses:

1. Não podemos saber qual dos fenômenos físicos chega mais fundo. Todos os processos físicos estão relacionados com processos de movimento.

No entanto, esta relação não significa ainda identidade. Esta última é, como a base atomística dela, mera hipótese. Para o processo do pensar, os meios do raciocinar: massa, força, átomos somente têm o significado de possibilitar o ordenamento das experiências. Não se pode demonstrar a realidade de sua existência fora do âmbito do pensar.

Junto do sistema de propriedades e mudanças dadas na sensação — e sua correlação — estão dados os estados interiores, uma relação de exterior e interior, sem que por isso possamos expressar algo. O cérebro e o sinal, a retenção, a associação, a reprodução são como interior e exterior conjuntamente.

Nesse contexto existe um necessário encadeamento, o transcurso fisiológico e psicológico lhe está subordinado; este último é como o interior daquele exterior.

2. A solução do problema que Wundt indica responde completamente aos princípios do idealismo transcendente. Se, por um lado, a causalidade objetiva é um produto do pensar, especialmente da causalidade lógica, contida nele, diz o psicólogo assinalado, e se por outro lado se traça através da postulada validade geral da causalidade objetiva a exigência de que nosso próprio pensar seja algo necessário fundamentado pela causalidade objetiva, então a primeira das formas de interpretação merece preferência. Mach assinala: se alguém conhecesse o mundo só através do teatro e lhe fossem impostos os implementos mecânicos do cenário, bem poderia pensar que o mundo real também necessitasse um submundo de implementos e que tudo teria sido obtido se tal submundo tivesse sido investigado. Portanto, os auxiliares intelectuais de que necessitamos para a representação do mundo em nosso cenário da imaginação, tampouco devem ser considerados como as bases do mundo real.

3. A substância, a causalidade, a matéria, a alma — consideradas como coisas — são imaginações metafísicas. A comercialização entre essas entidades é uma ficção de segundo grau. A coerência de conceitos na qual se representa esse comércio é necessária e inevitavelmente contraditória. E mais: no dualismo de Descartes essa contradição não é mais forte, no ocasionalismo sua inevitabilidade não se manifesta mais incisivamente que na filosofia de identidade de Somoza — o assim chamado monismo, tão usado pela moderna ciência da natureza. Porque a pressuposição da identidade de valoração da independência recíproca de ambas as séries, ou bem se deve levantar a favor de uma das duas, ou é necessário buscar entre ambas uma realidade metafísica que dê a imagem daquela identidade de valo-

ração. Desse modo, a monadologia foi o caminho de um pensar mais profundo e conseqüente. Ademais, a correlação é uma fórmula sem conteúdo imaginável.

4. Essas contradições desaparecem caso se desenvolvam representações que com maior exatidão correspondam à mera coerência da vida. Nesse sentido é necessário manter na consciência a insuficiência do pensar conceitual na coerência vital, para poder aclarar de imediato em cada ponto a origem de possíveis contradições. Qualquer pensar relativo às experiências da vida só pode levar a uma certa aproximação dentro de limites criticamente determináveis.

5. Partamos do ponto decisivo. Os acontecimentos morais superiores só nos são dados como processos sobre a base da vitalidade animal condicionada e determinada fisicamente. Nosso pensar ligado a imagens espaciais separa em certo sentido um pavimento superior da vida anímica de outro pavimento mais abaixo ou inferior. A este ordenamento espacial, a esta delimitação corresponde agora no vivo uma relação entre os processos, segundo a qual os processos superiores só podem aparecer nos inferiores e estes inferiores nunca necessitam aparecer independentemente e desligados na psique humana.

6. Desse modo, um suceder psíquico limitado não está por si ligado ao suceder fisiológico, e mais além o suceder livre, vivo. Pelo contrário, a vivencialidade livre é sempre imanente ao necessário encadeamento dos processos materiais rígidos e das fundamentações elementares psíquicas axiomáticas.

Decisão da teoria do conhecimento relativa ao direito dos três métodos

1) Se nas percepções não estivesse dada a realidade, então teríamos de fundamentá-las com o último dos métodos e complementar este somente com o segundo. Assim

procederam também Spencer, Wundt e outros.

Mas com esse método ninguém pode solucionar as dificuldades implicadas numa concepção histórico-desenvolvimentista e teleológica, quando pretende satisfazer as experiências éticas.

Se em princípio os processos psíquicos são correlativos aos fisiológicos, se em ambos os âmbitos se correspondem a diferenciação, a adequação teleológica crescente, então cabe perguntar: onde começa a vivencialidade independentemente do processo moral? Porque o processo moral não tem correlativo nos processos do cérebro. Nestes residem somente suas condições.

A experiência interior contém em si responsabilidade, obrigação, consciência de liberdade, o esquecer-se-de-si-mesmo como símbolo do ético, o sacrificar-se-a-si-mesmo como seu fruto mais belo. Tudo isso não surge do tronco de nosso ser animal, não pode ser derivado a partir de transformações da vida instintiva e das condições de mudança. Portanto, nesse ponto de vista surge uma antinomia indissolúvel entre os fatos empíricos da consciência e a teoria hipotética na teoria evolucionista.

A relação lógica é: a experiência interior não pode ser explicada a partir da teoria evolucionista. Pode ser negada, mutilada a partir dela, porém não pode ser subordinada a ela. O conhecer, que considera a correlação do físico e do espiritual e o crescente desenvolvimento nesses dois âmbitos como suas hipóteses e se serve delas, nem pode compreender como a liberdade da moral se desenvolve continuamente e sem intermitências nesse solo da natureza, nem pode entender como o moral pode ser correlativo do físico, ou então como aquele poderia desprender-se dessa correlação.

Em oposição a isso, e a partir do ponto de vista da experiência interior, surgem convicções teórico-cognoscitivas que agora deixam entrever a impossibilidade de solução daquele problema e a verdadeira relação de ambos os métodos entre si. Por isso também para a moral resulta inevitável uma fundamentação teórico-cognoscitiva. Ensaios que pretendem progredir sem essa fundamentação só chegam a uma mescla de axiomas biológicos e experiências intuitivas, ao que talvez se acrescentem concepções metafísicas, nas quais as contradições só se equilibram mediante embotamento e nivelação.

2) A teoria do conhecimento e o pensar científico-naturalista se complementam reciprocamente numa série de axiomas. Conseqüentemente, no pensar moderno, estes não oferecem dúvida alguma. Só me limito a assinalá-los, não quero polemizar acerca de sua formulação especial; não há dúvidas quanto ao seu conteúdo básico. O axioma mais geral sob o qual se manifesta todo o conhecer: todo este mundo, com todo o resto, é um fenômeno para minha consciência, é um fato para ela.

Disso se deduz a real compreensão dos estados interiores, a fenomenalidade de todos os componentes do mundo exterior, a utilizabilidade prática destes, todavia como um sistema de símbolos para o independente de nós.

Se disso se deduz uma limitação do conhecimento humano segundo a matéria, mais além desta limitação do conhecimento humano segundo sua extensão existe outra, mais importante, que se refere à forma de conhecimento. Aquela primeira limitação é reconhecida universalmente a partir de Locke e Kant. Todos a reconhecem. A partir dela, Comte na Alemanha, Helmholtz e outros, construíram um conhecimento do todo da natureza, que em todos os casos substitui os verdadeiros pontos de referência e as referências por: fenômenos como ponto de referência e relações de equação e dependência como referências. Como agora a relação dos fatos físicos com os psíquicos conforma de alguma maneira o centro de nossa construção da realidade,

61

então os fatos psíquicos também são colocados numa relação de correlação com os físicos. Daqui para diante, como com tal forma de consideração tudo se acha de alguma maneira como intercalado na ampla coerência física, a correlativa coerência dos fatos psíquicos aparece de per si como incluída e secundária. Mas agora, e segundo a lei de conservação da energia, as alterações que os processos físicos provocam no mundo exterior, ou os antecedentes físicos que os acompanham, podem ser explicáveis sem essa inclusão do psíquico. Desse modo, a coerência física se converte em base firme, o psíquico em um mundo nebuloso que flutua sobre ela. E nisso não influi o fato de nos ser desconhecida a natureza do físico que se acha presente para nós nos símbolos da sensação e da relação espacial.

Desse modo, em princípio formamos ao nosso redor um algo volitivo, real, vivo, um algo exterior que tem um interior, uma extensão que está plena de força. Em todas as partes relações do agir e sofrer, essencialidade, significado e meio.

Porém, nós estamos completamente impossibilitados, em certo sentido, de olhar para trás, isto é, retroceder além da própria vitalidade, encontrar um axioma para a relação viva de nossos estados. Isso significa: estamos impossibilitados de tomar conhecimento da forma de transição de um estado para outro.

Nesse ponto surge em princípio a compreensão dos limites imanentes de conhecimento da psicologia e das ciências baseadas nela.

Em cada instante vivo, como que surge, da sensação, um impulso instintivo de apanhá-la. Vivo como a dor tem como conseqüência o afastamento, em seguida o ódio. Posso confirmar a regularidade da transição na delimitação da transição de um estado para o outro. Mas não posso retroceder atrás dessa minha própria vivencialidade. Não posso referir a existência da sensação, a existência da representação, da volição ao — por exemplo — representar ou sentir. Ao fazê-lo, suprimo a própria experiência interior, segundo a qual a representação, a volição, a sensação sempre permanecem distintas, e coloco em seu lugar algo que surge no processo do pensar e que de todos os modos só existe mediante diferenciação e conjunção.

De forma idêntica, no pensar tampouco posso estabelecer a independência das sensações individuais, suprimir sua unidade; porque essa unidade é a própria condição de minha concepção. Da mesma maneira como o multifacético é diferente e todavia somente um, assim (aquela) existe na vivência, só pode ser reconhecida pelo pensar, porém não suprimida.

Conseqüentemente, nos pontos decisivos a psicologia é só descrita. Uma psicologia explicativa sempre é imaginável somente dentro desses limites imanentes. Os conceitos — formados no mundo exterior — não devem ser utilizados sem análise prévia para a construção de relações psíquicas. Nada sabemos acerca de uma substância anímica. Só conhecemos certos processos e sua inter-relação. O máximo que se pode alcançar não é a sempre ansiada redução causal dos estados entre si, mas tão-somente a relação de sua concorrência funcional na direção do estabelecimento de um equilíbrio momentâneo na vida afetiva. Visto então em abstrato, uma contemplação teleológica só está extraída dessa especial correlação no ser vivo. Esta correlação é usada em seguida para designar uma relação parecida de componentes ou funções num todo material. Porém, se agora estamos seguros da existência da realidade de um algo independentemente de nós no instinto, no afeto, na vontade, então o conhecimento desse mundo exterior está submetido a limites imanentes completamente distintos. Por outro lado, tem — certamente —

vantagens e artifícios da percepção totalmente distintos, se souber usá-los.

O que se opõe à vontade está dado como origem, como força. Porém, enquanto este algo independentemente de mim mostre em seus fenômenos uma regularidade, o axioma é um fato dado no mundo exterior. Tão seguro como a própria vivacidade. Ademais, no mundo exterior resulta cognoscível — pode ser em certo sentido lido nele — que o agir das forças inclui um fator que em princípio pode ser designado como distância. Esse fator distância, inclusive se supomos a existência de forças de ação remota, é coadjuvante para as diferenças de seu agir. Em forças de ação próxima condiciona a possibilidade de que "A" atue sobre "B" e exclui a possibilidade de que "A" atue diretamente sobre "C", separado dele pela interposição de "B". Esta rigidez da separação no atuar das forças diferencia a matéria da própria vitalidade interior; porque nesta, a ação de forças psíquicas não está ligada a uma relação desse tipo. Somente assim se condiciona a unidade e a vivencialidade dos efeitos psíquicos.

O fato de que agora o exterior apareça a mim como espacial, provido de qualidades, é a conseqüência do conhecer psicofísico de meus sentidos, que por sua parte representam um algo definitivo para mim. Não posso retroceder além deles; não posso realmente "retrotrazer" a cor e o som a um movimento como se fosse o único existencial. Só posso comparar dentro do âmbito de um sistema, distinguir níveis e assim estabelecer um sistema. Conseqüentemente a observação da matéria da natureza não está em condições de captar a unidade, a vivencialidade, a coerência desta. Todo nosso pensar só pode conhecer, combinar, separar e relacionar a coexistência, a sucessão, a identidade, a uniformidade. Mas isso significa diretamente mecanizar.

64

SEGUNDA PARTE

A VONTADE E AS ATITUDES ÉTICAS

1º

O plano básico do ser vivo

Pisar terra firme no devir do desenvolvimento, alcançar um lugar definido em meio à variabilidade do ser vivo, na série ascendente desta, na qual tudo aparece como relativo e variável — com o fim de expressar algo de validade geral: esta é a missão da ética. Como poderíamos fazer outra coisa senão tomar nosso ponto de partida na natureza da vida anímica, a partir dos processos volitivos no ser humano!

Impressão e reação diante dela, para restabelecer o equilíbrio, este é o esquema de um ser vivo.

Os instintos suportados pela organização animal são incitados por estímulos provenientes do exterior e se ativam; mediante os mecanismos reflexos transladam afetos apropriados para o mundo exterior e restituem deste modo a adequação entre este e o indivíduo.

Essa conjunção de processos tem um caráter teleológico. Nesse ponto se decide o conceito básico do orgânico. Quando é posto em funcionamento por um estímulo, o instinto atua de acordo com a necessidade do sistema funcional animal com o qual está ligado.

A adequação na inter-relação dessas representações psíquicas aumenta com a quantidade de elos dessa cadeia. Entre o efeito do estímulo e o movimento do instinto se incluem cada vez mais elos. A relação mais simples é a que se pode observar nos animais inferiores: cada efeito momentâneo de estímulo produz nos animais inferiores um estado interno alterado, que leva a um movimento de aproximação ou afastamento. Desse modo o estímulo, o estado alterado, o movimento instintivo sempre se acham relacionados da mesma maneira uniforme.

Se agora aparecem órgãos diferentes, convertem-se em suportes de processos psíquicos isolados. Nessa matéria orgânica forma-se então, com o regresso do mesmo estímulo, um estado interior que inclui a consciência do conhecido, do acostumado: o reconhecer. Órgãos sensoriais diferentes têm em conseqüência qualidades sensoriais distintas. Desenvolvem-se a memória, a representação da fantasia e agora também se diferencia a vida instintiva, correlativamente com a separação dos sistemas orgânicos formam-se o instinto de alimentação, de movimentos, de proteção etc. Estruturam-se os mecanismos reflexos e se diferenciam entre si; um processo cada vez mais crescente de diferenciação e relocalização entre os órgãos e funções diferenciados.

Conseqüentemente, as impressões passam a ser cada vez mais correspondentes à multiplicidade do âmbito. Os instintos conformam um sistema que acompanha, suporta e facilita as funções animais. O jogo dos sentimentos expressa as relações crescentes dos estados instintivos com o âmbito. As estruturas psíquicas: sensação, percepção, representação, pensar, sentimentos, humor, afeto, instinto, volição se diferenciam uma de outra, e as reações de um tal organismo com o fim de sua adaptação ao mundo exterior se condensam numa multiplicidade de movimentos, que em grande parte são suportados por mecanismos reflexivos.

2º

A congruência no plano básico do ser vivo

Seria possível supor a existência de organismos nos quais uma adequação ao mundo exterior se mantém constantemente através de processos intelectuais. Tais organismos deveriam distinguir mediante processos intelectuais, alimento pernicioso e benéfico, ar adequado e inadequado. O artifício da criatura psíquica reside no fato de que o instinto e a sensação relacionada com ele solucionam isso numa certa medida, se bem que abreviada e inartificiosa, mas amplamente suficiente. Não é necessária a pequena sabedoria universal, que se ocuparia através do intelecto dos assuntos do ser animal. O instinto e a sensação ensinam a buscar alimento, a diferenciar o alimento nocivo do saudável, incitam a reprodução, fomentam a seleção natural, ensinam a criatura animal a se proteger e a se esconder.

Isso sucede através de uma combinação regular de uma relação de utilidade entre ser vivo e âmbito vital com uma sensação de prazer, da sensação de prazer com uma mobilização do instinto. Se existisse reciprocamente uma combinação regular entre uma relação assim e uma sensação de não-prazer (desagrado), não poderíamos viver um só dia.

Este simples artifício da natureza possibilita a manutenção, a reprodução e o crescimento entre os seres vivos.

Mas como através das relações das sensações na percepção e o pensar é possível captar com maior profundidade o mundo exterior, e através das relações de sensações e instintos a determinação valorativa também se eleva por cima do momentâneo e do particular, a adaptação entre o indivíduo e seu âmbito vital na coerência do ser vivo chega a ser cada vez mais perfeita. Com isto se eleva a adequação psíquica naquele. Ainda nas conformações mais elevadas da vida histórica, essa adequação psíquica é sempre a estrutura básica de toda vivencialidade. Qualquer interrogação relativa à existência e ao rendimento histórico só pode ser solucionada com base nesse plano estrutural biológico da existência psíquica.

3º

A posição central da vida instintiva e sensorial

Dessa maneira, aquilo que na vida animal surge tão ostensivamente, muitas vezes tão terrivelmente, tem também seu lugar na existência humana. O ser humano é um feixe de instintos; sensação de estímulo, representação por aqui, processo de movimento por ali — só são algo assim como tentáculos, mediante os quais este sistema instintivo absorve impressões através das quais reage para fora captando, anexando ou repelindo. Nunca a natureza humana foi desconhecida tanto como através da concepção estético-idealista ou da concepção intelectualista. Quando a Revolução Francesa concebeu o ser humano como um ser racional e pensou tratá-lo assim, quando o Iluminismo baseou o progresso do gênero humano no conhecimento, quando a Monarquia na França desenvolveu forças, implantou metas humanas e pretendeu aproximar a humanidade delas mediante o trabalho mancomunado de todas as classes, desconheceu totalmente que em todo momento esses feixes de instintos só podem ser mantidos unidos mediante o poder da vontade. A História só pode ser compreendida se se compreende a centralidade dos grandes processos volitivos na humanidade. Deste modo a *Stoa** das épocas tardias, o neoplatonismo e o Cristianismo nada mais são do que a idade madura involuída dos povos antigos.

---

* Nome da escola filosófica fundada em Atenas por Zenão de Cício (335-264 a.C.) por volta de 300 a.C.; ele ensinava sob o Pórtico (em grego, *Stoa*, de onde o nome *estoicismo*, ou escola "do Pórtico" (N. Editora).

4º

Relação interior de instinto, sensação e volição

1) A descrição das formas da vida anímica separa entre si a sensação, o instinto e a volição — da mesma maneira que separa a representação da sensação. Estas expressões designam conteúdos parciais de processos anímicos. Um conteúdo parcial de representação não tem, por si mesmo, uma existência real. O representar sempre está acompanhado por seu interior chamado instinto e sensação: é o processo de seu próprio Eu.

2) Mas, no âmbito das ciências biológicas concretas, o instinto e a sensação não podem ser separados um do outro. Aqui só aparecem como formas distintas pelas quais passa o mesmo processo. Esse processo consiste na relação que se produz frente a uma impressão proveniente do sistema instintivo. Nesse caso é indiferente se a primeira forma dessa reação é a sensação ou o instinto. Isso pode se produzir em forma totalmente diferente, porém, cada uma dessas reações pode surgir sob forma da sensação, sob a forma do instinto, ou sob a forma da volição.

5º

Os circuitos de instinto e de sensação

1) Cada autêntico estado de sensação ou instinto é composto de uma pluralidade de formas simples de reação. Uma melodia do "Don Juan" contém sensações de som, de harmonia, ritmo, efeito heróico.

2) Essas formas de reação são indeterminadas quanto a seu número, mas — como as sensações — podem ser

ordenadas em âmbitos. Eu os designo como circuito de sensação e de instinto. Um tal circuito instintivo é aquele que uma e outra vez põe em marcha o processo da alimentação.

3) Esses conformam — em conjunto — o lado dos processos orientados para a profundidade do sujeito, enquanto para fora se manifestam em seu efeito captável como percepção, representação, imagem de fantasia, processo de movimento. Caminhando pela rua recebo um empurrão. O lado exterior do processo é uma série de imagens e combinações destas no pensar, o lado interior dor, repulsa, o querer evitar o empurrão etc.

4) Há três formas diferentes do querer, condicionadas pelo tipo de relação com outros processos. O interesse e a atenção, a atividade conformante da fantasia, o instinto e a volição são, apesar de sua diferenciação, formas dessa ação guiada pela sensação. Ademais, essas formas não podem ser referidas a si mesmas. Assim como as células dão forma a uma planta, a face interior da vida humana se compõe de unidades dessas classes diferentes. Wundt quer "retrotrazer" tudo à apercepção, e outros ao instinto; mas se deixa de lado a atividade conformante da fantasia, também uma forma de volição. São formas diferentes de volição, os limites entre elas se diluem. Designá-las como vontade é uma logomaquia, porque seu parentesco e também sua localização psíquica dessemelhante são patentes.

5) A forma em que essas ações individuais estão relacionadas como unidade de ação na consciência de si mesmo é totalmente distinta da forma em que supomos hipoteticamente se relacionem os elementos finais de um todo natural, por exemplo de um organismo. Porque as representações podem formalizar relações entre si em qualquer momento, independentemente de sua posição relativa na consciência. A separação no espaço é em

princípio somente expressão figurativa para o fato de que distâncias correspondentes modificam os efeitos. A distância é então um correlato para uma força de modificação do agir. Desse modo, no mundo exterior existe uma rede de elementos rígidos, de modificação de forças, cujos elementos — como condições constantes, ou seja: como forças, invariáveis, gerais e sempre atuantes — conformam a base do jogo das forças individuais. Estas rígidas condições do agir não existem no suceder psíquico. Por isso não há aqui um diferenciar dos elementos psíquicos individuais.

Relacionado com isso: a unidade das forças naturais só se guia por axiomas em sua correlação. O tipo de correlação das sensações, dos instintos, dos sentimentos é outro. Sob certas condições, os sentimentos se confundem sem diferença, os instintos conformam uma força total etc.

Assim encontramos uma unidade de anelos, de sensações, um nucleamento destas — passado e futuro de satisfações, sua coincidência é respeitada etc.

6º

Primeira classe de circuitos de sensação e instinto. Os mecanismos do instinto e os anelos, paixões e estados afetivos emergentes deles

O mecanismo de reflexos consiste numa coordenação de movimentos, que é posta em marcha por um estímulo — que também pode trazer consigo um elemento de sensação — sem consciência de instinto. Dentro de certos limites, faz-se adequado às circunstâncias. Um exemplo é o espirrar e o tossir.

Quando os acessórios sensoriais e as sensações conexas com eles, ativados por um estímulo, põem em marcha um instinto, ou seja: uma tensão surgindo em nossa consciência que tende para a realização do movimento que, como intermediário, transmite a ação do mecanismo de reflexos, designamos então este processo como "processo instintivo" e o aspecto psicológico possibilitado por ele como "mecanismo instintivo".

Pode-se dizer que as forças mais poderosas do mundo moral são a fome, o amor e a guerra. Os processos fisiológicos, aos quais está ligada a sobrevivência do indivíduo e a da espécie, contêm uma multiplicidade de mecanismos reflexos; porém, entre eles alguns dos mais importantes estão totalmente fora do alcance da vontade, ou seja, são somente automáticos. Assim os mecanismos reflexos do processo de respiração e os do sistema circulatório sustentado pelo movimento do coração. Esses mecanismos reflexos trabalham num transcurso de períodos breves e regulares, sem intervenção da vontade, e somente disfunções patológicas são acompanhadas por sensações mais intensas.

Destes deve-se distinguir aqueles mecanismos reflexos que são ativados por estímulos passageiros e podem ser suprimidos pela vontade. O fato de a vontade poder suprimi-los é um componente de sua adequação. Mecanismos reflexos do tipo são a tosse, o espirro, o pranto, o riso.

Destes, deve-se distinguir novamente os instintos e os mecanismos instintivos.

O instinto de alimentação

A alimentação, que exige uma seleção e uma apropriação, realiza-se através do movimento instintivo mais poderoso e elementar de todos os que servem à manutenção do corpo. Aqui se combinam a mais intensa sensação de desagrado na fome e na sede, um irresistível impulso que tende à satisfação, um prazer excepcionalmente intenso na própria satisfação e em seguida a típica sensação de saciamento. Desse modo, a natureza impôs um castigo amargo à nociva abstinência de alimentação e um prêmio à correta seleção dos alimentos. Assim obrigou animais e homens a buscar alimentos adequados e se apropriar deles, ainda que em circunstâncias altamente desfavoráveis. Também vemos que a vida das formas animais inferiores, depois do animal predador, do herbívoro, se encontra predominantemente marcada pelo transcurso desse instinto em suas diferentes etapas. Avidez, a captura da vítima, o descanso após o saciamento — isso configura o dia da fera. A vida do recém-nascido se divide — segundo as etapas desse instinto — em intranqüilidade, gritos, alimentação, saciamento, descanso. E também na vida das tribos primitivas, as etapas desse órgão instintivo ocupam o lugar mais amplo.

Instinto sexual e amor aos filhos

Com força não inferior se manifesta o instinto que serve à conservação da espécie. Também nesse caso a natureza colocou no prazer, na satisfação de um anelo que não pode conter, um prêmio ao que — depois da conservação do indivíduo — é o que mais lhe interessa.

Segundo Schneider, em *Der Tierische Wille* (A Vontade Animal), ao instinto da reprodução está ligado o amor à prole. O cuidado com a cria já podemos observar na aranha e no inseto. No caso dos animais está parcialmente ligado a períodos. Em todos os vertebrados a conduta sexual é semelhante — buscar a fêmea e segui-la, cortejá-la mediante jogos amorosos, ciúmes dos rivais, o deslocamento destes, lutas: tudo isso já ocorre com os peixes, mas de forma totalmente geral com os mamíferos bem como nas novelas escritas e ponderadas dos homens. As aves

75

usam o canto para cortejar; o mesmo sucede com o homem. Cortejam mediante jogo de movimentos, vôos artificiosos, bailes, revoadas. Aves e mamíferos passeiam e desfilam diante das fêmeas e lutam com os rivais. Com base nisso, no homem se encadeiam muitos sentimentos superiores: plena comunidade de vida, inquebrantabilidade da fidelidade, sentimentos históricos.

Instintos de proteção e defesa

Tão elementares e poderosos como aqueles são os instintos ligados a mecanismos reflexos que respondem com movimentos de defesa aos ataques externos, ou buscam a fuga para a proteção e à segurança. Estes instintos de defesa e proteção e seus mecanismos também têm uma potencialidade e irresistibilidade primitiva muito grande. Também são base de poderosos afetos, como a ira, o ódio, o temor, o terror, o ataque e em seguida outra vez o descanso na segurança. Ao ataque se segue involuntariamente o movimento defensivo. Isso pode ser observado no animal, que de imediato trata de morder, no movimento de repelir o homem. Isso indica o involuntariamente que é a relação entre ação e reação, quão difícil é dominá-la.

Os instintos simples de defesa e proteção — determinados pelo estímulo — já os vemos em sua forma típica nos animais inferiores. Na contração dos animais inferiores existe uma forma elementar desses instintos animais. Ao serem tocados, os moluscos cerram suas valvas, as minhocas fogem para se esconder na terra, os caracóis se retraem em suas cascas. Outra das formas instintivas que reage a uma intervenção inamistosa é o movimento de contra-ataque. Alguns animais ejetam líquidos desagradáveis, o que em muitos seres humanos equivale ao maldizer, outros se defendem com as mandíbulas, com as barbatanas dorsais, com as garras ou os cascos. Animais pequenos se enrolam e fingem estar mortos, outros assustam seus inimigos através de ruídos fortes, mediante mudanças repentinas em suas formas corporais, ou ameaçam com suas armas. Em todas as partes deste mundo animal, os tipos simples de formas de instinto, afeto e movimento, que logo encontramos na sociedade humana.

Os animais superiores já exibem formas mais complicadas de proteção e defesa; também aqui o ataque é enfrentado com a dupla forma de fuga e contra-ataque, segundo a natureza e as possibilidades da criatura.

Conta Schneider que, numa oportunidade, quando se colocou um esqualo numa parte do aquário de Nápoles, na qual se encontrava uma certa quantidade de balistas (?), estas desapareceram instantaneamente com a primeira percepção do inimigo já moribundo. Não podiam fugir, mas haviam se comprimido de tal maneira contra as rochas que se tornara muito difícil descobri-las ali. Pode-se observar a codorniz se agachar astutamente em seu esconderijo; tal qual as aves, se agacham também os felinos rapinantes; é o mesmo movimento que faz também o homem de forma involuntária frente a certos tipos de ataque. Outros animais se protegem dentro de cápsulas penosamente confeccionadas e neste caso aparecem então aqueles instintos mais complexos, que vão desde o verme que se enterra até as colônias de cupins.

A isto se opõem então os movimentos defensivos. Nestes se desenvolvem no mundo animal as emoções da valentia, da ira, do ódio. Como se defendem — mesmo contra inimigos completamente superiores — os pássaros machos, geralmente muito valentes, muito incitáveis à ira e o ataque! O urso e o gorila, às vezes, arrebatam a arma do homem, quebram-na e a mordem. A astúcia do sentimento que se esconde no assustar o inimigo manifesta-se principalmente no mundo dos animais superiores e no âmbito humano. As aves eriçam a plumagem, a cobra desprega a pele dos dois lados do pescoço e forma um grande disco, o chamado escudo. Outros animais curvam as costas, eriçam os pêlos, mostram os dentes, uivam etc.

Todas estas formas de defesa voltam a se manifestar no âmbito humano como movimento instintivo e se desenvolvem em seguida para formar as emoções vividas conscientemente. Neste caso, também, os mais débeis se agacham, fogem e se escondem; os mais valentes se defendem e ambas as classes experimentam ameaças. Frente a ataques moderados contra si mesmos, muitos homens primeiro se engrandecem; mas se os ataques se intensificam, então as ameaças instintivas se manifestam no alterar da voz; durante a briga, no comportamento dos punhos, no mostrar os dentes etc.

Transformação em sentimentos e paixões

A reação contra a intervenção molestadora se transforma, com sua repetição e maior clareza quanto às causas, no sentimento de *vingança.* Quando este entra numa relação mais firme com a vontade, surge o *ódio,* como paixão permanente. Este tem origens muito diversas. Podemos odiar alguém porque foi testemunha de um ato desonesto de nossa parte, em seguida por uma espécie de sensação de vingança. Da mesma maneira odiamos alguém que pretenda nos impor um sacrifício que não queremos fazer.

Também aqui existe uma intervenção incômoda para conosco. Outras formas são o ódio religioso e o ódio aos estranhos. Este pode surgir também de sentimentos de comparação.

Conseqüentemente o ódio é sempre uma paixão derivada. Extingue-se com o sentimento que lhe deu origem. O ódio sustenta-se sempre nesse sentimento primitivo. Ao contrário, o amor se adequa fina e tenuemente aos conteúdos vitais das circunstâncias. O ódio se encontra numa satisfação rígida ancorada em sua sensação de origem.

Nos povos primitivos, a vingança pertence à eticidade natural: sentimentos de vingança, ira, rancor, castigo, satisfação e insulto grosseiro. O amante não mais amado dá uma surra no outro. O duelo é a vingança civilizada. Na vida, ou se é representada na novela ou no drama, a simpatia se dirige para o objeto da vingança. O rancor não é considerado uma virtude. Em síntese: na civilização moderna, a vingança é considerada natural, porém imprópria e, caso seja mantida, passa a ser um valor inferior. Por outro lado, a nova exigência do castigo.

Com toda a razão, o terror é considerado por Bain como um sentimento primário. Uma comoção devida a um ataque exterior descarrega-se num processo reflexivo. Conseqüentemente, este é uma forma especialmente notável de tendência ao contra-ataque e à proteção contra-ataques, isto é: contra-ataques repentinos e muito intensos. Também os movimentos são correspondentes a isso. É, na arte, um meio para representar sentimentos rudes. Lear e Macbeth, a cena das bruxas, o *Franco-Atirador (Der Freischütz)* estão repletos de terror, atenuado pela distensão espacial e pela consciência da ilusão do cenário.

Domínio de uma grande alma também no terror. Dürer: o cavaleiro entre a morte e o inferno.

Os instintos de movimento e a necessidade de descanso

Dos estados do músculo partem constantemente instintos que estão em relação regular com os mecanismos do movimento. Os instintos do movimento atuam em todos os músculos sujeitos à nossa volição. Desse modo, condicionam a sensação vital em cada instante dado. De alguma maneira delimitam a musculatura contra o mundo exterior. Quão poderosos são demonstram-no a dor e a intranqüilidade da fera enjaulada ou do homem encarcerado. Não nos pomos em movimento para atingir uma meta, o movimento é nossa natureza.

Estas sensações de movimento, esta intranqüilidade do orgânico, recebem uma intensificação pelas variações dos estados dos órgãos. Estes originam estímulos que, por sua vez, atuam como instintos.

A espiritualização desses instintos reside na necessidade de liberdade.

Constituem a base sensorial dessa necessidade. Porque, do ponto de vista sensorial, exige a ausência de todo tipo de inibição do movimento.

O impulso do movimento é seguido numa alteração rítmica pela exigência de descanso. Num princípio, também esta sensação está fundada fisiologicamente nos estados do músculo e dos nervos conexos com ele. Porém, logo se converte na base de estados de ânimo espirituais de descanso, de ócio, de profundo agrado, quando essa forma de sensação e instinto formaliza relações com formas de outras classes.

7º

*Os processos que ocorrem na transformação
dos instintos em ânsias instintivas e paixões.
A posição na organização biológica e social
das ânsias, sentimentos e paixões assim surgidos*

1) Ali onde um instinto conforma a base, ali perdura também seu atuar nas transformações que sofre. E mais, estes instintos atuam ainda em transformações onde só são reconhecíveis através da análise. Exemplo: o amor ao dinheiro pode chegar a ser uma paixão de domínio total. Mas esta tem sua força instintiva no fato de que representa

satisfações que estão em relação com os instintos, e talvez mais ainda no fato de que o dinheiro contém uma espécie de garantia para o instinto de proteção e oferece uma segurança para o instinto de liberdade relacionado com o instinto de movimento.

2) Os instintos (como foi assinalado pela primeira vez por Schneider) aparecem em quatro formas distintas, que se desenvolvem partindo de leis psicológicas. Distingue-se o instinto de sensação, de percepção, de representação e de pensamento. Estes são transformações, desde o elementar estado de fato do instinto, que ocorrem em todos os âmbitos, independentemente da matéria em que ocorrem. Os elementares adquirem uma conformação superior e se fazem mais adequados para ser incluídos no pressuposto da vida ética. Todos os instintos elementares, independentemente de sua intensidade, mantêm-se mediante essa transformação como ânsia, como paixão dentro da economia da vida individual e da sociedade. Não é possível desprender-se dos instintos. Podem ser transformados, limitados em sua ação, porém não destruídos. Eles são as bases indestrutíveis de todos os processos volitivos.

Os instintos se mantêm dentro dos limites da tendência de obter a satisfação desses instintos com o menor atrito possível que perturbe o efeito. Porque cada atrito tem como conseqüência uma diminuição da autoconservação e da força anelada. Deste modo, da tendência de satisfazer aos instintos já se conclui que o ódio e a luta são evitados e a cooperação buscada por conveniência. Desta maneira elimina-se o ódio do âmbito da vingança e só se mantém a represália adequada.

3) Por outro lado, a conformação da adequação na estruturação desse processo se baseia numa coordenação adequada dos movimentos que realizam o instinto. Esta coordenação é hereditária (gato, cão de caça, caçador e se-

dentário). Este desenvolvimento é um componente importante do desenvolvimento social. A consciência é descarregada, recebemos cada vez mais escravos. Por outro lado, a elaboração das coordenações mediante a cooperação de muitas pessoas. Isto vai ter como conseqüência costume, direito, instituição do Estado, divisão do trabalho.

As sensações sensoriais independentes dos instintos

1) Na medida em que os instintos são poderosos, sua força natural surge inseparavelmente da profundidade central do ser animal-humano, da mesma maneira que um regato de montanha busca seu caminho. Ademais, os mecanismos instintivos no mundo animal e nos povos primitivos estão sujeitos a uma alteração periódica. É digno de um nível cultural superior se seu surgimento exige estímulos de uma certa intensidade a partir do mundo exterior. Mas deles devem-se distinguir aquelas sensações e emoções instintivas, nas quais prevalece a natureza dos estímulos e em conseqüência dos quais a sensação e o instinto aparecem com menos intensidade e mais ligados à vida representativa. Deste modo aqui se impõe a superior força do ambiente, comparada com os seres vivos. Se bem que os instintos e as paixões sempre buscam um caminho, o ser vivo só se encontra nele condicionado a partir de fora. E na medida em que o intelecto é mais forte, a vontade mais livre, a dependência é suportada com maior dificuldade, impõem-se o medo e a esperança, faz-se penosa para o homem a casualidade.

2) Deste modo, ao lado dos instintos e seu sistema se situa o sistema das causas objetivas de sensações no mundo exterior e as relações regulares das sensações com este sistema.

3) E aqui surge com maior clareza um fato da vida volitiva que coexiste em todos os fenômenos da vontade.

Este fato contém o retroefeito dos instintos sobre estes. Volições de sensação ou de instinto provocam uma concentração, uma superior excitação consciente, que é comparável a um intenso círculo de ondas. Esta excitação da consciência é equivalente à formalização de processos elementares entre as representações concorrentes. Deste modo, as paixões se cercam de um brilho superior.

8º

Ética negadora, limitante e conformante

1) Todos estes instintos têm um lado exterior, segundo o qual se apresentam às percepções sensoriais como órgãos, funções e processos corporais. Neles reina a necessidade da natureza exterior. Ter fome, o instinto de comer emergente da subconsciência, é psíquico, porém ao mesmo tempo também um processo natural. Eu designo esse fato anímico com o nome de animalidade psíquica.

2) Em primeiro lugar, sobre ela se pode exercer uma pressão a partir do exterior se a deixa crescer, porém se a despreza e combate. Dizemos que uma moral que realiza tal coisa é *limitante*. Enquanto essa moral despreza totalmente a animalidade psíquica e pretende suprimi-la completamente, dizemos que é *negante*. A moral da *Stoa* e a de Kant era limitante. A moral dos neoplatônicos, a da comunidade cristã, a dos budistas, a de Schopenhauer é negante. Ambos os pontos de vista são supressão da natureza, da luta, e assim surge um dualismo da vontade, animalidade superior e vontade espiritualista, uma ao lado da outra.

3) O princípio da conformação da vida instintiva está expresso de forma abstrata na ética conformante de Schleiermacher. Ela conforma os instintos.

O fato de conformar é um grande mérito, mas falta a fundamentação concreta. Esta reside no conhecimento e no uso da relação psicofísica. *O meio da conformação da animalidade psíquica para uma forma vital, alegre e coerente com a vida superior reside na dieta, tomando esta palavra em seu sentimento mais amplo.* Nisto também residia a bela forma vital do *Ethos* grego na sua melhor época. Platão já lamentava a dissolução pelo luxo. A moderação e correta orientação da alimentação, a intensificação dos exercícios e atividades corporais são os verdadeiros meios para manter a alegria de viver num corpo são e o instinto sexual em sua forma natural moderada.

9º

As sensações condicionadas pela própria conformação das volições e as emoções emergentes delas

Entramos num âmbito de difícil tratamento, até agora inexplorado: porém contém a primeira força moral a ser descoberta por nós.

A saber: analisamos aqui o núcleo de uma ética masculina. Os ingleses do século XVIII não tiveram uma visão correta disso só porque sua análise psicológica foi demasiado incompleta. É certo que o juízo do observador está condicionado pela simpatia, porém sua base primária são essas sensações que se adequam às formas das volições. Portanto, esse juízo é só secundário. Por outro lado, a eudemonia aristotélica, a consciência da força de caráter baseada em si mesma da *Stoa*, o princípio moral da ética kantiana, são fórmulas para o mesmo núcleo; apenas ocorre que a psicologia aparece insuficiente e conseqüentemente o princípio unilateral e isoladamente. A consciência do dever de Kant é só uma expressão formal.

A valentia, a força de caráter, a perseverança, a

solidez, a conseqüência, a fidelidade, uma alegre energia no trabalho são *propriedades sentidas das volições,* que expressam a alegria da vontade em si mesma, uma sensação de alegria que acompanha as volições e que surge das meras conformações. Conseqüentemente, esses estados de sensação são independentes do meio ambiente e das condições vitais. Caso se consiga fortalecer seu poder, a decisão sobre felicidade ou infelicidade cai agora no próprio âmbito da pessoa, isto é, na mera conformação de sua vontade. Portanto, o sentimento heróico da vida está baseado nesses estados de humor e se conforma de combinações deles.

Entretanto, a vontade heróica é o ideal de todas as nações em sua época juvenil, é o componente principal do ideal ético em sua época adulta, e somente os povos que envelhecem desenvolvem um ideal contemplativo da vida.

Uma nova perspectiva se manifesta na sentença: uma natureza forte se inclina a utilizar o excedente das forças num agir positivo e benevolente. Uma sensação de alegria relativamente a si mesmo encontra-se tocada de simpatia em todos os lados, e quisera abraçar o mundo todo. A debilidade, ao contrário, aplaca e avinagra, cheia de repulsão. E mais, coerência entre fidelidade e cumprimento de compromissos.

Este é então o artifício que buscamos: dessa maneira buscamos compreender psicologicamente o núcleo do conteúdo original de virtude.

> I — *A sensação mais simples desse tipo é a jubilosa consciência da* força, *o incentivo da sensação vital ligada a ela.*

O reflexo disso é o júbilo produzido por cada expressão de força observada nos demais. A energia da vontade agrada, a debilidade desagrada.

1) O consumo de trabalho mediante o fato de o impulso executar o movimento e a resistência são, em primeiro lugar e na esfera sensorial, a medida para a jubilosa consciência que acompanha o agir e para a aprovação que lhe dispensa o observador. Aqui temos o trabalho da vontade consumido em determinado transcurso de tempo, que tem determinado grau, que pode ser medido no movimento realizado e nos obstáculos superados.

Uma criança que se deixa agredir por outra não mais forte sem se defender, sente vergonha. Um homem que não tenha reagido a um golpe, seja qual for a força do oponente, não pode se perdoar tal fraqueza. Aqui atua a consciência de debilidade. Aparentemente atua somente quando não há observadores. Onde estes existam, a sensação está ligada com o reflexo da ação sobre o juízo dos observadores, e destes sobre o atuante. Este reflexo se intensifica com a expressão desse juízo: riso, dar de ombros etc. Mas também quando o atuante está só, está rodeado de observadores invisíveis, isto é, a representação de como o julgaria aqueles.

Nesse ponto sentimentos morais e estéticos tocam-se. O júbilo da força, que se expressa no trabalho de movimentos mais rápidos, adequados, levemente elásticos, o agrado do passo elástico, do salto do leão, da energia física do homem, está condicionado pela relação de impulso, trabalho consumido, movimento de músculos. E disso deriva o elevado estado de ânimo que produz o ribombar do trovão, o mar fluente e retumbante. Nesse núcleo primitivo o sentimento moral não está separado do estético.

2) O sentimento de força da vontade orientada para metas espirituais pertence a um nível de cultura mais elevado.

A *Odisséia* não poderia oferecer como um ideal, por mais heróica que fosse a época, a astúcia de seu herói, sua obstinada energia intelectual, se essa sensação de força intelectual não surgisse unida a uma força e a uma valentia física superior. Também no ideal da poesia épica do Norte, a astúcia dos homens que sulcam o mar está sempre ligada a sua força.

Também se deve admitir que a energia da força conformante não é acompanhada de uma alegria de viver maior que a que acompanha o impulso de movimentos físicos. A energia do trabalho que se manifesta na atenção a um objeto espiritual é, por sua vez, acompanhada por um nível menor de alegria de viver e alegria correspondente dos observadores. A inversão em rendimento de trabalho se retrotraz cada vez mais para o invisível. A força do sofrer — do ponto de vista ético — é assim mesmo invisível e também superior em grandeza ao agir espetacular, porém lhe falta o brilho heróico que cerca o herói ativo do povo. A força de vontade se faz aí em certo sentido metafísica, se retrotraz para o secreto, o silêncio, a invisibilidade, a inaudibilidade, a interioridade.

II — *A jubilosa consciência da força é seguida pelo valor, e sua incrementação para a* temeridade, *como a conformação de vontade que possui um excesso de força de vontade para alcançar uma meta, a despeito dos perigos.*

A coerência entre força de vontade e valor pode ser cimentada em muitos fatos. Em primeiro lugar, o excesso de força é de per si promovedor para o valor. Ter o coração em seu lugar, encarar as coisas de peito aberto etc., são expressões que assinalam a base fisiológica. Um corpo enxuto pode produzir um excesso de energia disponível, um gigante pode ter déficit de força física. A condicionabilidade do valor por estados físicos surge com a maior clareza do fato de que também o covarde pode buscar valentia nos copos de bebida. Até a comida atua sobre ele.

Mas, visto mais de perto, trata-se de energia volitiva disponível, excedente. Está certo que .pode dispor de condições físicas, mas não temos nenhuma razão para considerá-lo um mero correlato de rendimentos físicos. Não é por meio de uma condição física exuberante que se manifesta um valor que excede a sensação de superioridade física. Pelo contrário, é possível observar justamente que corpos poderosos são covardes frente ao sofrimento.

O valor se manifesta em movimentos rápidos, porém medidos, em olhares firmes. No leito, quando o ser humano se acha, em certo sentido, fora de ação, e diminuída sua força de vontade utilizável pelo cansaço, então também o valoroso é atacado por pensamentos sombrios.

O símbolo do valor tem raiz precisamente na alegria e no estado de ânimo firme e elevado com que o homem enfrenta o perigo. "O rei Guilherme III, da Inglaterra, era geralmente sério e retraído em si mesmo, porém alegre precisamente diante do perigo."

Essa sensação de júbilo está ligada a uma espécie de ignorar (não ver) o perigo e a dor iminentes, que emerge de uma conformação totalmente original da vontade frente a perigos ou males iminentes, que não pode ser explicada. Assim como há pessoas que constantemente avistam perigos (não através do intelecto, mas, sim, através do estado de ânimo), sobre cujos ombros sempre pesam males, assim também há outras que arremessam tudo isso para longe de si mesmas. Isto é uma conformação original da vontade, que tampouco surge do mero excesso de força.

Uma forma superlativa do valor referente a perigos (não referente a males iminentes) é a temeridade. O valente enfrenta com fortaleza o perigo, o temerário o busca.

III — Energia, *laboriosidade, trabalho—força de ação dirigida continuamente ao trabalho.*

Trabalho é o gasto de força que se provê a um rendimento. Este gasto é uma conformação ou forma da vontade, que é equivalente ao valor na concentração sobre uma meta, ao gasto de força, às resignações condicionadas por aquilo.

A diferença reside no fato de que a natureza e as condições vitais exigem ali um enorme gasto de vontade heróica, aqui um gasto constante e irrenunciável. Em ambos os casos o gasto está ligado a uma sensação de vida incrementada.

Tetens supõe que esse gasto de vontade tem como conseqüência um incremento de força psíquica. Isso parece coincidir com a experiência. Pode-se supor que essa transposição se realiza a partir da reserva das forças físicas de tensão, ou a partir das forças psicológicas (inconscientes) de tensão, ou que tal aumento de força psíquica ocorre com um correlativo processo físico. Uma interpretação assim deveria supor então, no âmbito anímico, um incremento de forças diferenciadas. A interpretação mais natural seria a liberação determinada de forças psíquicas de tensão contidas na natureza orgânica formando seu interior, que também poderia ser designado como inconsciente. Este panpsiquismo ou panteísmo (na forma de Fechner) corresponde talvez melhor que qualquer outro aos fatos. E mais, então cairia no interior psicológico justamente o princípio da evolução, o desenvolvimento da natureza.

IV —*Conseqüência, perseverança, unidade planificada da volição.*

A força da volição e do sentimento tem como conseqüência a duração do seu atuar. Desse modo, no longo alento do querer e do sentir aparece-nos sua energia.

É enaltecedor ver como o duque de Orange preparou durante muitos anos o erguimento dos Países-Baixos, silenciosamente e sem alaridos. É enaltecedor ver Kant trabalhar em silêncio desde os primeiros anos da década de 60 até 1781 na *Crítica da Razão Pura*. É insensato prantear um morto, mas não se pode de imediato permanecer na solidão nem prescindir de diversões.

Esse efeito é multiplicado pela uniformidade nas volições, que é um rasgo essencial correlativo de uma incrementação volitiva. Esta uniformidade sempre se estabelece de forma recente a partir da múltipla vida instintiva. Quanto mais intensa for esta, mais força volitiva exigirá, mas mais rica então será também essa correlação dos atos volitivos. A possibilidade dessa cimentação de unidade reside, contudo, nas qualidades de consciência, que possibilitam a consciência em si mesmo. Deste modo, a conseqüência, a fidelidade, a planificação é um rendimento do gasto de trabalho sob condições que chegam até a mais profunda natureza metafísica das volições humanas. Também aqui existe uma conformação da vontade que está em relação com sua natureza metafísica, na qual se vive um alegre incentivo da pessoa e que se desfruta como valiosa em outros.

V — *Entrega da vontade aos motivos que se apresentam a ela, na medida em que superam em grandeza a própria vida.*

Porém vemos que na vontade surge agora um novo fenômeno primitivo — algo assim como um fenômeno original. A vida anímica se sente ampliada, intensificada em relação à grandeza e imponência das imagens que assimila, em relação aos conceitos, ao valor, às metas às quais se entrega.

É esta uma qualidade sem a qual nem sequer existiria a grandeza, a sublimidade no mundo espiritual. Não se pode deduzir estes efeitos da grandeza para a alma, mas, sim, deve-se deduzir dessa conformação que a grandeza, a sublimidade podem comover. Porém, nisto reside precisamente a entrega da vontade às grandes metas vitais, aos sistemas culturais, às associações, que estão acima do indivíduo.

10º

A consciência moral da própria conformação da vontade e das ações, contida nesse fenômeno primitivo

1) A volição transcorre em três etapas, onde em certo sentido tem seu transcurso completo e normal. Nos instintos e nos sentimentos condicionados pelo mundo exterior, nas causas objetivas destes postos nesse mundo exterior, fundamenta-se o sistema de necessidades — e como forma de sua existência o sentimento, a paixão, o afeto, a volição. Estes conformam um gasto em vontade que de alguma maneira realiza rendimentos que servem aos instintos, aos impulsos e necessidades da natureza humana em sua relação com as causas objetivas. Destas atividades surgem múltiplas formas de satisfação, de conformidade, de gozo, de repouso.

2) A coerência entre instinto e desejo é necessária e em certo sentido mecânica, e somente é a face interior da animalidade. Qualquer atividade socialmente conformante e relacionada com a consciência da liberdade é um gasto de vontade em suas diferentes formas.

3) Por um lado, este gasto de vontade é acompanhado, por sua natureza, por uma sensação de desagrado, mas, por outro lado, e quando existe uma suficiente quantidade

de vontade, em todos os casos se sente de alguma forma realizado como uso do valor, como trabalho, como atuar planificado — tudo isto acompanhado de uma elevação do nível de sensação.

4) E mais, este gasto de vontade é acompanhado pela consciência de liberdade, causa de um crescimento da energia volitiva — e entra assim numa coerência metafísica desconhecida para nós.

11º

Os juízos da sensação relativos aos atos dos demais conteúdos nesse fenômeno principal e o princípio dessas determinações valorativas

O processo no qual a experiência do valor próprio de uma conformação volitiva e o juízo da sensação relativamente a uma conformação volitiva estranha se unem, é suscetível de uma interpretação psicológica múltipla. Pode-se derivar o juízo ético como um reflexo da experiência do valor próprio de uma conformação. Ou então pode-se considerar ambas as formas como igualmente originais. Ou então pode-se derivar a consciência do valor próprio como um reflexo do juízo de outros (Hume). Ou então pode-se pensar que ambas as formas de sensação valorativa surgiram por um raciocínio do êxito e utilidade de uma conformação. A última das concepções foi excluída definitivamente como errônea, segundo demonstra a análise dos processos recentemente observados. *Podemos começar agora a refutar o utilitarismo a partir de fatos psíquicos.* A jubilosa ampliação do Eu, que acompanha o acionamento da energia, do valor, a conseqüente imposição das convicções, é uma vivência primária, da qual logo surge o juízo valorativo com respeito a tais conformações da vontade.

Naquele que atribui a sensação do valor da fortaleza de caráter, ou do valor pessoal, de sua utilidade, nunca deve haver pulsado algo do sentimento heróico da vida.

Em contrapartida, não temos nenhuma possibilidade de distinguir entre a concepção do juízo do sentimento sobre outros como um processo primário ou um reflexo.

Porém, em cada caso é um componente da consciência no qual está contida a coincidência, o parentesco que combina a experiência do valor próprio com o juízo do sentimento sobre a conformação volitiva de outros. A solidariedade de todos os seres humanos, o saber relativo dela dado no sentimento, conforma a base. Esta solidariedade consciente se estende a todos os seres. "Sabe-se que sob certas circunstâncias este sentimento gera uma força e uma potência incrível. É perigoso levar as reses a lugares tintos de sangue de seus congêneres. A observação de um agudo perigo de vida tem levado muitas vezes observadores totalmente alheios a atos heróicos e mesmo ao sacrifício desinteressado da própria vida. Além do incitado por um perigo mesmo, não há nada mais imponente, comovedor, afetivo do que esse. Que a solidariedade também excede os limites do humano, vemos no fato de que também a matança de animais gera sensações completamente análogas, às vezes mais débeis" (Horwicz, *Analyse der qualitativen Gefühle* — Análise dos Sentimentos Qualitativos, p. 309 e seg.).

Compaixão, simpatia, benevolência, sentido de honra, todos têm a mesma base, que também é própria do juízo ético.

Nesse ponto pode-se entender e julgar a famosa teoria de Hume e Adam Smith, segundo a qual as bases do juízo ético sobre os atos e as conformações volitivas de outras pessoas estão radicadas na simpatia. Segundo Hume, essa simpatia é, em última instância, uma espécie de co-vivência, uma transmissão do processo de sentir de um ser vivo ao outro. Adam Smith analisou conscienciosamente essa co-vivência dos homens, e descobriu que a eticidade tem, conjuntamente na simpatia, sua base cognoscitiva e real. A reposição de uma sensação por seus indícios ou origens se realiza, segundo ele, e é mais débil que a sensação original.

A deficiência dessa teoria reside no fato de desejar derivar ética sem a experiência própria, visto que a considera como um mero reflexo. Mas, na realidade, a alegria que dá o valor, a energia, o sacrifício de outros, está, em todo o caso, ligada às experiências das sensações do valor próprio de tais conformações da vontade.

12º

A aparência psicológica da concepção eudemonista e utilitarista dos fenômenos morais primitivos tratados

O axioma principal de minha concepção do utilitarismo era: este fica sujeito à aparência psicológica no mundo ético. Este axioma pode receber agora uma *primeira* fundamentação.

As conformações volitivas que de per si estão acompanhadas da jubilosa consciência de uma situação anímica elevada e provocam admiração, entusiasmo, aplauso nos demais, são o impulso de todo agir que vai além da vida instintiva e da utilização das causas objetivas das sensações no interesse da pessoa. São as forças morais que, na realidade, estão — elas apenas — à disposição para a conformação do bem-estar geral com base na vida instintiva, para a orientação desta, para sua superação, para a conformação de uma consonância dos instintos e do indivíduo.

O valor também pode entrar a serviço do delito. A história dos grandes bandidos tem, conseqüentemente, um atrativo não só para os instintos rústicos como também para os instintos elevados e os sentimentos naturais das

94

massas, que se opõem ao desprezo do delito. Trata-se de uma força superior disponível, à qual está ligado o aplauso. Como força tal, o valor é também suscetível de um uso imoral. Porém, por sua natureza superior, nele está baseada a conformação de uma ordem que vai além da vida animal, que incentiva o bem-estar.

O atuar planificado pode ser utilizado em qualquer negócio duvidoso da Bolsa, no afã de fazer carreira de um egoísta recalcitrante.

As forças que determinam a solidariedade, a cooperação ativa e enérgica, o bem-estar comum, os rendimentos superiores na sociedade demonstram então ser úteis aos interesses desta, incentivadoras do prazer e do bem-estar.

Deste modo sustenta-se a aparência psicológica de que desses seus êxitos surgisse a alegria de seu uso e sua aceitação em outros.

Mas tal aparência dissolve os impulsos concretos numa moralidade sentimental de bem-estar. O sentido heróico, o júbilo da criação, a entrega são eliminadas a serviço de uma insossa uniformização e mecanização.

O ético desses sentimentos não pode se separar de sua força geradora de conformidade. Porque o valor, a conseqüência etc. concedem uma conformidade que libera dos sentimentos externos temor, esperança etc. Estes sentimentos têm a faculdade de dominar até certo ponto as paixões e os instintos. Assim surge a possibilidade de adquirir conformidade em si mesmo.

Essa possibilidade deve se relacionar com a que permite a diminuição dos atritos nos sentimentos. Aqui os sentimentos estranhos.

13º

Os sentimentos estranhos e sua transformação em processos éticos

1) Todos os sentimentos estranhos, ou seja, os sentimentos que surgem no contato com outras pessoas, são compostos e, inclusive, num grau muito elevado. Formam-se na cooperação das excitações determinadas pelos processos individuais; estas excitações individuais surgem por diversos fatores, incorporados a elas. O suboficial corre precipitadamente e com uma forte imprecação a um lugar determinado da frente de batalha, e além do responsável também são excitados outros membros da frente de batalha. O velado temor do soldado totalmente alheio ao fato contém em si fatores emocionais totalmente diversos, embora apareça como absolutamente simples. O ruído repentino e forte, as expressões grosseiras, uma sensação indeterminada de alguém, que pode não estar de todo isento de falta quanto ao regulamento, o pressentimento de que a próxima vez possa tocar a ele mesmo, tudo isto foi combinado repentinamente nesse leve temor (Horwicz, citado, p. 310).

2) Portanto, para a análise desses sentimentos e impulsos, deve-se partir das formas individuais; seria totalmente errôneo tomar a compaixão, a benevolência ou o amor como uma classe de sentimentos totalmente geral, e considerar agora os sentimentos individuais como modificações daqueles. Muitos moralistas fazem tal coisa, invertem a relação real, vêem o geral como o primeiro. A compaixão, o amor, a amizade, o patriotismo, o humanismo, são sentimentos, estados de ânimo, inclinações totalmente diferentes, altamente complicados.

3) Porém, em todos eles a pressuposição está formada por uma relação elementar que hoje em dia não pode

96

ser explicada como principal. Cada sentimento estranho só pode surgir mediante uma reprodução do processo que se verifica no outro (teoria da compreensão). Esta reprodução não é um processo intelectual, mas ocorre mediante um traslado dos mesmos sentimentos, emoções e impulsos que se realizam na outra pessoa. Conseqüentemente, baseia-se constantemente na comunidade, na solidariedade da natureza humana. Esta reprodução não só se estende ao prazer ou a dor nos outros; compaixão e alegria por outro em seu sentido mais restrito são só sentimentos parciais desse processo real.

4) Aqui, entretanto, surge a seguinte diferenciação: na reprodução de um grito de dor, minha consciência de solidariedade é mais decidida, em outra pessoa é mais débil. O grito importa mais a mim do que a outro. Isto reside no fato de que os elementos de comunidade entre co-viventes estão mais desenvolvidos numa pessoa — uma diferença moral primitiva.

O compreender, o reproduzir se verifica em todos os casos mediante os mesmos processos que transcorrem no outro. Ou seja, em cada traço é acompanhado de uma consciência de comunidade, de identidade. Esta consciência tem agora a forma de uma vivência. Aumenta com cada processo que compartilho com outros. Diminui cada vez que sinto separação. Costume é o fator mais forte. Logo, elevo-o especialmente à consciência. Nisto reside o efeito do princípio ético do amor, o mesmo que o da poesia do amor.

Todavia, co-atuam outros sentimentos; por exemplo, nos reflexos do Eu pode me suceder o mesmo. Associações, como as assinalaram Hobbes e Spinoza. Conseqüentemente, a solidão nos reduz à nossa personalidade mais débil.

Novamente descobrimos nesse ponto a unilateralidade e superficialidade psicológica do utilitarismo. Não só reproduzimos os sentimentos que contêm prazer e não-prazer, expressam utilidade ou dano, como também se reproduzem a conformação, o desdobrar, a emoção. Todos eles fazem surgir sentimentos que estão relacionados com o mesmo processo de reprodução. O magnânimo amplia a alma, o pequeno pode — mediante comparação — despertar agradáveis sentimentos de superioridade. Mas, antes de tudo, tudo aquilo que reforça a solidariedade, evita os atritos, tem como conseqüência cooperações, transferência recíproca, compreensão e conformidade, desperta um sentimento agradável correspondente. Contrariamente, a divergência de interesses, a não-compreensão, a falta de transparência, o estranho, é sentido com sentimentos de pesar de diferentes graus de intensidade.

Esta sensação de solidariedade seria compreendida erroneamente caso se pretendesse deduzi-la da consideração das conseqüências favoráveis de comunidade, compreensão, coincidência. Não pode haver dúvidas no sentido de que a consciência dessas conseqüências seja um fator desses sentimentos; porém a força dessas sensações chega, numa grande quantidade de casos, a ir além destas considerações, que só por isso tal explicação é pouco provável de ser aceita. Os sentimentos diante de uma pessoa que se afoga, que padece de fome, ou frio, podem ter como conseqüência os maiores sacrifícios, enquanto a consideração das conseqüências é irrelevante para nós. À margem disto, a base fundamental desses processos se manifesta especialmente numa idade na qual o cálculo das conseqüências, contudo, não intervém. Meu filho gritava quando tinha um ano e meio de idade toda vez que acreditava que alguém entre nós se lastimava ou alguém era lastimado por outra pessoa.

Da mesma maneira conclui-se aqui que a compaixão não é — nem muito menos — um fenômeno primitivo, como supõe Schopenhauer. Ela constitui somente o conteúdo parcial de tal processo.

Essa solidariedade é o mesmo fenômeno que no âmbito do saber se faz sentir como validade geral, como intenção *de* e como descanso *em ela*. Assim como no pensar a constância, a coerência e validade geral são impulsos básicos, assim o são na vida atuante a conseqüência, a planificação, a solidariedade. Ostensivamente são relações metafísicas que se expressam nesses traços fundamentais como naqueles símbolos primitivos que entre si estão aparentados no âmbito intelectual e moral.

14º

A benevolência (Wohlwollen)

1) A consciência de soliedariedade não é uma compreensão teórica, mas, sim, um estado de sentimento e sentido. É certo que em todas as suas formas tem como base a co-agitação animal do sistema nervoso, porém — tomado isoladamente — deste surge por igual a crueldade do selvagem, a diversão do homem ocioso nos velórios e afeito aos escândalos como à compaixão. Na compaixão, a consciência de uma união é o elo central que conduz à participação ativa.

2) Essa conformação de nosso sentimento e de nossa vontade se desenvolve nas distintas formas da vida em comum; em cada uma dessas formas a força ativa é a consciência dessa união. De alguma maneira se visualiza o germe primitivo, ali onde no sorriso e nos ternos olhares entre uma mãe e um filho se tece essa união. Essa união se materializa também ali onde a comunhão sexual ainda não realizou uma união verdadeira. Outras formas existem em seguida na consciência de família, na comunidade pacífi-

ca, na associação política, no amor, na amizade como comunidade. Nestas relações permanentes crescem os sentimentos de solidariedade, elas são a escola de todos os sentimentos superiores, de benevolência, amor e sacrifício. Em sua estrutura rígida se ancora constante a substância básica pura.

3) Por último, surgem as formas livres de interesse, amor e amizade, os sentimentos sociais; estes nunca pertencem à substância ética, sendo apenas um adorno da vida.

4) De todos estes sentimentos extraímos — como substância ética comum — uma conduta de espírito, que vamos designar com o nome de *benevolência* (bem-querer). Nós a descreveremos.

A benevolência nos libera da prisão em que nos encerra a consciência do valor próprio. Nosso horizonte se amplia; a vontade benevolente se estende na mesma medida em que se estende o bem-estar e a dor, o valor da pessoa. Kant referiu a benevolência exclusivamente à felicidade do outro. Lotze aparentemente a acrescenta quando afirma — contradizendo com toda razão a Herbart — que a benevolência não contém uma relação crua das vontades, mas, sim, que na segunda vontade pressupõe bem-estar e dor. De todos os modos, com isto somente assinala o limite extremo no qual começa a benevolência. Se, por exemplo, não se inclui na benevolência a proteção de seres insensíveis (à dor), a qual estaria baseada em outros motivos, se não existisse essa benevolência disfarçada numa representação poética de um sentir interior desse ser. Mas a benevolência em sua plena e total realização toca o outro como pessoa, segundo seu valor incondicional, que é reproduzido analogamente à experiência do valor próprio. Portanto, aquele se amplia e aprofunda constantemente, segundo o conteúdo do objeto, tal qual conforma sua motivação e segundo a compreensão do sujeito benevolen-

100

te nesse conteúdo e no interesse real homogêneo em relação a ele. Porém, para que a benevolência — que liga nossa vontade com o mundo dos valores através do bem-estar, da dor e do valor não de nós, mas dos outros — se eleve acima da pessoa individual, esses outros devem estar ordenados em um todo mediante uma terceira síntese.

5) A relação entre a compaixão e a benevolência ativa é expressa mediante o conceito de *participação*. Nele fica expressa de forma ilustrativa a solidariedade como antecedente da benevolência.

6) Indiferença passa inadvertidamente a ser aversão. A insuficiência ou a ausência de alguma união, juntamente com algum distanciamento do processo que converte o homem num mero número, tem como conseqüência uma conduta indiferente frente a sua sorte ou desgraça.

"É inegável que uma quantidade muito grande de pessoas, talvez a grande maioria daquelas que conhecemos, nos aparece como totalmente indiferentes. Por exemplo, se lemos no jornal que NN morreu, então sabemos perfeitamente que NN é o homem que todos os dias vimos ir a passeio a tal e tal hora até X, vestindo um chapéu cinza e luvas amarelas e essa manhã saboreamos o desjejum como em qualquer outra manhã. Mas se disso pretendemos deduzir de imediato que NN nos é completamente indiferente, então isto seria realmente muito prematuro. Tomemos para comparação um caso similar. Temos diante de nós uma folha do jornal de uma cidade estranha, grande. Nosso olhar percorre indiferente os Garcia, os Fernandes, os Souza e os Barreto que faleceram, ou se casaram ou foram pais felizes. Aqui realmente não sentimos nada, absolutamente nada. Mas por quê? Porque de toda essa boa gente não sabemos absolutamente nada. Nesse caso não devemos estranhar o fato de nenhum sentimento se fazer presente dentro de nós, porque carecemos de todas as condições necessárias para gerar algum sentimento" (Horwicz, citado, p. 428).

Em todos os casos assim a razão da indiferença reside no desconhecimento do interior da respectiva pessoa. Não podemos avaliar nem seu agrupamento humano nem a medida de sua dor. Em outros casos prevalece outro sentimento agradável, a notícia da morte de um parente distante não perturba sensivelmente nosso apetite matinal. Em outros casos, por trás da indiferença que expressamos, se oculta um pequeno grau de repulsa ou aversão. Uma pessoa cuja presença não nos inspira simpatia já é—só por isto — objeto de uma aversão apenas perceptível. Tal repulsa cresce caso se pretenda de nós um sacrifício.

Acabo de ler no jornal (1890): uma ama-seca de 14 anos matou — enquanto seus patrões se achavam na igreja — o menino que estava aos seus cuidados. A delinqüente apresentou como razão do seu proceder a aversão que nutria contra a pequena criatura e a saturação de ser ama-seca. Ou seja, aqui o pequeno cuidado obrigado a favor de um ser indiferente degenerou em ódio. Talvez também em muitos casos, nos quais a mesma ação é realizada por necessidade de alimentos. A razão última de muitos assassinatos deve ser buscada na suspensão da solidariedade no sentimento, no ódio contra outros seres humanos, numa espécie de embrutecimento. Por um par de botas, um rapaz mata um homem que encontra em seu caminho.

7) Ora, os fatos podem despertar sentimentos de réplica. Desse modo, com referência a coisas passadas, surge o sentimento de gratidão ou de vingança; mas, quando a conformação do espírito ou as circunstâncias modificam esse transcurso simples, surgem sentimentos de ingratidão e de perdão. Da mesma maneira, na esperança de sentimentos vindouros, surgem a confiança e a desconfiança. Na gratidão encontramos novamente a obrigação

contida nela. Isso já o expressa a frase: "Estou muito grato, obrigado"; com o favor se recebe de alguma maneira uma obrigação e a gratidão é a expressão sentimental dela. Por isso a gratidão pesa onde não existe uma união interior.

8) À sensação e o impulso que respondem a uma ofensa damos o nome de "vingança". A exclusão da comunidade de solidariedade que surge da vingança ou de outras razões denominamos "ódio"; este é o desligamento interior da consciência de obrigação; portanto, tem algo de convulsivo, de anormal, a alma tende a liberar-se dele. Conseqüentemente, no ódio nos vemos diminuídos, desgarrados interiormente; o acostumar-se ao ódio degenera a alma.

Uma agradável ampliação do Eu está ligada aos sentimentos da benevolência. O sentimento de ódio destrói a harmonia interior da alma e reduz seu nível de sentimentos.

15º

A compaixão (A simpatia como princípio moral e o altruísmo na escola positivista)

Contrariamente à nossa concepção corrente até agora, a simpatia e a compaixão são separadas por muitos éticos atuais da consciência da solidariedade, e derivadas, em contrapartida, de uma co-participação do sentimento. Esta concepção pode ser considerada como a explicação animal da benevolência e do amor.

Cada vez que observam o fenômeno da sociedade e do mundo moral, segundo seus verdadeiros impulsos, pesquisadores importantes são levados mais de uma vez através de um profundo rasgo de sentimentos às motivações da benevolência, da simpatia, da compaixão. Porém, logo se sentem inclinados a isolar essa sensação da grande coerência de ordem superior e espiritual, para fazer sua busca nas profundidades elementares de sentimentos fundados na animalidade.

Schopenhauer estabeleceu, por último, uma teoria que surge da invisível coerência com um todo sistemático. Esta teoria corresponde à moderna investigação ética a partir de Kant. Outro que a ela aderiu — atualmente — é Lotze. Ao menos explica, *Macrocosmo II*, página 307: "Tais erros são, na realidade, alheios ao espírito ingênuo. Velar por si mesmo lhe parece natural, mas não constitui um mérito ético. Fazer o bem aos outros e multiplicar a soma do prazer de que goza o mundo é a única missão para cujo cumprimento concorrem todas as suas obrigações morais". Para podermos fazer uma idéia hipotética do sistema aqui apresentado, podemos combinar essa citação com a página 305, em que a explicação do direito dada por Herbart, o litígio desgosta, é corrigida no seguinte sentido: no litígio nos desgosta exclusivamente a malevolência das partes. Assim, parece indicar-se aqui que também o direito está relacionado com a benevolência. Todavia, no litígio — que contém um enfraquecimento do direito — não nos desagrada em primeiro lugar que a malevolência tenha como atuar, mas, sim, o enfraquecimento da correção, do dever, que se sabia *obrigado*. Lamentavelmente, o capítulo ético do *Macrocosmo* só proporciona uma visão muito restrita do princípio e da sistemática da ética de Lotze, de modo que devemos nos servir da ética de Schopenhauer, sem poder acompanhar mais de perto a formulação ainda mais pura de Lotze desse motivo.

Schopenhauer desenvolveu sua teoria duas vezes: em forma sintética no quarto livro de *O Mundo como Vontade e Representação (Das Welt als Wille und*

Vorstellung), em forma analítica no escrito magistral sobre a base da moral. Naquela primeira forma, este axioma aparece, segundo sua coerência total, como a conseqüência ética de seu idealismo subjetivo. Toda pluralidade é só aparente, em todos os indivíduos deste mundo se manifesta esse único ser que é a vontade. Segundo isto, a diferença entre Eu e Não-Eu está suprimida. Se agora esta mesma negação de nossa existência independente e diferenciada que a filosofia realiza no pensar se expressa pelos fatos, se a convicção: "Meu ser existe em cada vivente" surge numa ação, então nesse processo reside evidentemente a razão metafísica de toda conduta moral do homem. Porém, o fenômeno que surge nesse processo é a compaixão.

Crítica desta teoria

Olhando mais de perto, existe aqui mais uma analogia que uma identidade com o fenômeno psicológico da compaixão. A força de convencimento e a debilidade do procedimento de Schopenhauer residem essencialmente na forma em que sabe assinalar para os axiomas metafísicos mais abstratos, fenômenos confirmadores no mundo da experiência. Os axiomas gerais não saíram de observações e através de indução científica; todavia, as observações pretendem demonstrar os axiomas gerais. O mundo das leis, que se estende entre as observações individuais e os princípios últimos, está excluído da filosofia, e então tem nele seu lugar de livre brincadeira a arbitrariedade, que une uns a outros esses fenômenos concretos e essas razões últimas.

Será a compaixão, talvez, de alguma maneira idêntica a uma contemplação (ou como se queira chamar este ato místico) através da qual a parede divisória entre nós mesmos e os outros como existências diferentes seja erguida ou eliminada? Essa compaixão, que toca ao outro como outro, e que é tão decididamente diferente da sensação de uma dor que nós mesmos devemos enfrentar conosco artificialmente como observadores estranhos, para sentir compaixão de nós mesmos? Através do quê essa diferenciação se converteria numa ilusão? Esta mescla de dois atos tão heterogêneos reside nestas expressões que se contradizem entre si: a pessoa de espírito nobre expressa mediante os fatos um conhecimento, o conhecimento surge como compaixão. A verdade que serve de base a essa analogia é que uma homogeneidade é a pressuposição da compaixão — e que a sensação em crescimento ou em expansão e o conhecimento dessa homogeneidade também fazem crescer a profundidade e extensão da compaixão. Nisto residia o grande poder que o Cristianismo exerceu sobre o crescimento das sensações da benevolência, ao unir de diversas maneiras os homens para formar um agrupamento de irmãos.

Schopenhauer extrai uma estranha conseqüência desse seu conceito metafísico da compaixão (*O Mundo como Vontade e Representação*, p. 443) quando afirma — referindo-se à bondade de sentimento — que ela equipara completamente o indivíduo estranho e seu destino com o seu próprio: mais além não poderia ir nunca. Efetivamente, no conhecimento da identidade do Eu e do Não-Eu não há nenhuma outra coisa, e é impossível que se possa concluir algo mais dele. Porém, isto indica como se deve separar de fato a compaixão do surgimento desse conhecimento, porque quase todas as combinações seguintes, em que se ativa fortemente a compaixão, produzem atos desinteressados nos quais fazemos por outras coisas que não faríamos por nós mesmos. A heterogeneidade da compaixão e desse surgir do conhecimento no agir pode fazer-se mais evidente, todavia, se supõe uma multiplicidade de homens que são objeto de nosso sentimento. Visto que em todos eles só aparece a mesma vontade que em mim, nosso sacrifício também pode ir somente até o total igualar de seu destino com o nosso. Contrariamente a isto, na realidade o indivíduo sente frente ao todo completamente distinto, ao pôr à disposição de uma exigência — ainda que insignificante — toda a sua vida.

Ademais, se agora — à margem dessa unidade da concepção metafísica e psicológica da compaixão — se trata da justificação desse princípio, faremos melhor buscando esta no escrito sobre as bases da moral.

Neste escrito há um preparo muito hábil para assimilar a sentença segundo a qual a compaixão é o único motivo do mundo moral. O ceticismo se antepõe como espectro, diante do que os atos negadores do Eu só deverão ter uma força refutadora. Logo surgem as potências antimorais e são — conseqüentemente — reduzidas ao egoísmo. Neste procedimento são ignoradas completamente a pureza, a sobriedade e as virtudes similares a estas. E surge a sentença: "O critério de uma ação de valor moral é a ausência de toda motivação egoística".

A demonstração dessa sentença é antecipada por axiomas que já contêm o ponto principal a ser demonstrado. Porque, de acordo com o terceiro axioma, nossa vontade é movida exclusivamente pelo bem e pela dor. Conseqüentemente, o motivo moral se refere exclusivamente ao bem e à dor nossa ou de outros. Ao aplicar agora o axioma assinalado mais acima — no sentido de que o egoísmo e o valor moral se excluem reciprocamente — se tem sem demora o verdadeiro motivo moral. Só há *um* motivo para que o bem e a dor de outro sejam meus. Esta demonstração se sobrepõe a uma investigação mais profunda daquilo que impulsiona em nossos motivos. Deste modo também adquire ao mesmo tempo a vantagem de ver o cru egoísmo ali onde nossos motivos têm em vista a nós mesmos.

Esse motivo é logo identificado com a compaixão através da hipótese da positividade exclusiva da dor. Esta hipótese não tem praticamente nada a seu favor, salvo — talvez — isto: se a consciência popular é ilustrada quanto ao fato de a dor não ser algo negativo porque é o contrário do prazer, que, pelo contrário, é de natureza positiva, então essa consciência terá por completamente natural considerar como negativo o prazer, por ser o contrário da dor. Se Schopenhauer repete mais de uma vez com novos giros pregnantes que com a satisfação termina o desejo e, conseqüentemente, o prazer, então essa exigência pressupõe que o prazer só exista em comparação com o desejo, e por isso já pressupõe que é de natureza negativa. Para o princípio ético, a conseqüência dessa teoria insustentável ante qualquer sistema psicológico prolixo, e ademais refutada ostensivamente pelas formas superiores do prazer que nem sequer pressupõem uma necessidade dolorosa, é agora a seguinte: a forma mais ideal da benevolência, a participação que impulsiona na felicidade dos demais, só pode ser incluída mediante rodeios, enquanto a co-participação alegre é uma sensação totalmente original da alma humana.

No mundo moral, a co-participação na alegria tem conseqüentemente a mesma significação que a participação na dor (compaixão). Ambas careceriam, supõe-se, de valor interno, conteriam tão-somente a mera repetição da mesma sensação, ainda que esta se ache transmitida pelo conhecimento da autenticidade da vontade no Eu e no Não-Eu. Só quando sentimos uma dor alheia a nós pela coisa em si, mas própria pela apreciação, surge da mera co-participação psíquica a natureza moral da compaixão, que é mais clara na relação da benevolência.

Os acréscimos feitos posteriormente ao *Mundo como Vontade e Representação* no volume II oferecem um clareamento suficientemente eloqüente sobre a verdadeira natureza desse princípio em Schopenhauer: "Nesta identidade metafísica da vontade, como da coisa em si, e com a multiplicidade incontável de seus fenômenos se baseiam, na realidade, três fenômenos, que podem ser colocados sob o conceito comum de simpatia: 1) a compaixão, que, como já assinalado, é a base da justiça e do amor entre os homens (*caritas*); 2) o amor sexual com seleção de acordo com o próprio desejo (*amor*), que é a vida da espécie e que faz valer sua proeminência frente ao indivíduo; 3) a magia, a que pertencem também o magnetismo animal e as bolas de cristal". Porém, só há um fato ético, isto é, aquele que tem a própria vontade como sujeito: a negação da vontade. Todo o resto é somente proceder, desdobrar. Deste modo, na realidade, se trata de uma concessão à nossa maneira ocidental de ser, se expressamos que além dessa negação existem outros motivos morais. Entretanto, enquanto assim se tenha atingido o ponto extremo de penetração da moral no físico, ponto no qual Kant e Schopenhauer defrontam-se de forma totalmente excludente, não se pode negar o seguinte fato: na compreensão das formas mais elementares do ético, toda anfibolia dos conceitos morais de reflexão na teoria da virtude de Kant — mediante a qual o trato cruel dos animais é desprezível somente porque com isto pouco a pouco extirpa-se a compaixão em relação a dores humanas e, conseqüentemente, uma tendência natural muito útil para a moralidade — acha-se muito abaixo do profundo conceito com o qual Schopenhauer vê na diminuição da dor — enquanto no mundo se sinta dor — um motivo de autêntico significado ético.

Da compaixão se deduz a justiça. Esta surge de algum modo num nível inferior da compaixão, ao me impedir lastimar ao outro (*neminem laede!*). Conseqüentemente, a justiça é a compaixão com efeito negativo. Por estar ancorada, então, na compaixão a origem do direito, deve-se assinalar arbitrariamente o caráter próprio deste último, mediante o que se lhe impõem direitos gerais originados na natureza das coisas e absolutamente obrigatórios para os homens. Deste modo, na página 214 surge repentinamente a possibilidade de que em lugar dos impulsos irregulares da compaixão, o raciocínio consciente tome de uma vez por todas o compromisso de respeitar os direitos de cada um. De repente, existem agora pelo menos axiomas nos quais se expõe muito rudimentarmente a natureza geral do direito. Porém, assim como são deduzidos do fato de que o conhecimento adquirido de uma vez por todas do sofrer que produz o fazer mal — fato que poderia constituir uma máxima — é fácil de demonstrar que também o amor humano poderia formular tais compromissos e unificar tais axiomas. À margem disso resulta estranho que se tenha deixado de ver a possibilidade de deduzir a universalidade das prescrições do direito de seu caráter negativo — através de que o direito em sua origem se diferencia do amor humano — enquanto esse caráter negativo foi utilizado para a dedução do caráter obrigatório do direito (p. 217).

Em todos os casos, a ética não é melhor que a concepção metafísica do mundo que lhe serve de base. Se no mundo não há nada verdadeiro além de uma vontade opaca e carente de representação, se todos os fenômenos são apenas ilusão, então o único ponto-chave reside na supressão dessa ilusão, a parcial na compaixão, a total na negação da vontade. Num mundo em que a própria inteligência é secundária apenas, em que cada motivo presente diante de nossa vontade é tão-somente uma afirmação idiota de nosso próprio existir — num mundo tal, somente resta esse motivo passivo. O vigor do agir, razões positivas que encheriam nossa existência, desapareceu. Esta ética dá partida no mesmo ponto da escola eudemonista vital e positiva. O bem e a dor formam todo o conteúdo de nossos motivos. Ao entrar esta motivação totalmente determinada pelo bem e pela dor numa estranha aliança com os axiomas de Kant, surge a seguinte conclusão disjuntiva: fomentar o próprio bem ou diminuir a própria dor não é um motivo moral, aumentar a dor alheia ou perturbar o bem alheio é um motivo antimoral. Conseqüentemente (pressupondo-se aquela lei de motivação), só nos resta suprimir a dor dos demais. Desse modo, tal ética se resume na antiga prece hindu: "Que todos os seres vivos permaneçam livres de dor". Porém, logo se vê que essa mesma lei de motivação é anulada — pela vontade, que se nega a si mesma.

A compaixão e o efeito trágico

A compaixão desempenha um importante papel em todos os poemas trágicos e dramáticos porque o trágico se baseia na dor.

Porém, a compaixão é apenas um sentimento que antecipa uma sensação trágica. Sua base é a co-vivência, a reconstrução, a recompreensão. Consciências e parentes-co participam e elevam a esferas superiores. Nisto está logo baseada uma espécie de consciência de solidariedade do destino humano. Em grandes linhas e figuras, projetadas na parede do cenário num jogo mágico ampliado, vemos os grandes agentes da vida humana. Conseqüentemente, Lear está sempre ali onde a ingratidão se sente como uma anomalia ética, como uma injustiça; Hamlet, onde a sensibilidade ética se vê enfrentada pelo cruel e duro dever do mundo. Fausto diante de Margarida: "Toca-me toda a dor da humanidade". Esta visão do solidário, do comum (ou seja, comunidade intuitiva), ao mesmo tempo enaltece e cria descarga das tensões interiores. A dor pela vida se transforma em algo vivo. Schiller, em *A Noiva de Messina*:

"O grande destino gigante, que enaltece o homem quando o esmaga". Por que tragédia? Um nível superior da consciência pela compreensão, porém o mais sublime na vida, sua máxima tensão ao menos, ver vir a morte e não temer.

16º

Este sentimento de solidariedade se combina com o de independência da outra pessoa.

1) O externo está como o indominável pela vontade, como o estranho. Conseqüentemente, na vontade há primeiro a experiência de que existe um algo estranho, indominável, distinto.

2) A vontade sofre a controvérsia de um poder de vontade estranho: frente a ele, em certo sentido se detém. Este poder de vontade lhe influi com temor no grau em que é obscuro e incompreensível. Até os níveis mais elevados da cultura, a incompreensibilidade ou irracionalidade da expressão de vontade está ligada ao temor.

3) Porém, agora, o homem experimenta cada vez mais a homogeneidade de todas as outras naturezas humanas consigo mesmo, a compreensão destas, aparece a solidariedade dos interesses, no outro pulsam os mesmos sentimentos, e a co-vivência me permite participar deles. Dele emerge a mesma vontade, e tende a dominar os objetos; ele é o mesmo que eu, em pensamentos posso situar-me em seu lugar. Na comunidade, as vontades coincidem, vivem a solidariedade de suas metas.

4) Da mesma maneira, essa vontade tem também um ponto central igual ao meu na obtenção de satisfação na vida sentimental. Minha vontade tem, precisamente por isso, seu ponto absoluto: aqui se sabe presente por si mesma. Isto vale até a satisfação na sensação moral

(conformidade). Compaixão, alegria compartilhada, me permitem senti-lo.

5) Desse modo se conformam o respeito e a consideração frente à outra pessoa, que ela — como eu — tem em sua vida sentimental um ponto central através do que repousa em si mesma, através do que existe para ela mesma. Porque ali onde surge uma consciência de si mesmo, que se refira a coisas passadas como futuras nos sentimentos e verifica o sistema cíclico de estímulo e ação para a conformação de um estado de ânimo satisfatório, ali existe um motivo, um motivo próprio. Como "motivo próprio" não podemos compreender outra coisa senão isso.

6) Todas as fórmulas que pretendem derivar as representações básicas do dever e do direito têm como base diretamente essa consciência. Cuidar-se de si mesmo (como motivo próprio), deixar valer ao outro (como motivo próprio), solidariedade entre ele e mim com base num parentesco interior: estas são questões de fato que não estamos em condições de derivar principalmente (Cícero, direito natural etc.). A fórmula perfeita a encontramos em Kant: "Respeita cada homem como a ti mesmo, como um motivo em si!". Menos perfeito surge em conteúdo real no imperativo categórico, já que este pretende derivar do mero conceito de "razão" a subordinação da vontade sob cada outro como lei respeitante de si mesmo. Porque são determinações ancoradas na vontade e nos sentimentos ligados a ela, os quais se expressam em todo grupo de fatos: participação, simpatia, consciência de comunidade, consciência de solidariedade, respeito do outro como ser com ponto central de sentimento e vontade próprios amparado na consciência de si mesmo. Porém, cada fórmula reduz numa unidade abstrata essas determinações do sentimento e da vontade, que — se bem sejam aparentados — são, todavia, diferentes.

17º

Relação entre o respeito pelo valor próprio dos outros e a obrigação de gratidão, entre prometer e verossimilhança

Uma generalização metódica do visto até agora:

1) Ora, aqui se faz sentir num caso uma particularidade dos componentes e processos na vida sentimental e volitiva. Dentro de determinadas margens de segurança podemos desenvolver elementos do perceber e processos primários mediante a comparação das imagens de estímulo e seus componentes. Assim mesmo, podemos determinar os mecanismos instintivos que têm nos mecanismos reflexivos um correlativo corporal controlável também dentro de certos limites. Em contrapartida, não temos vantagens desse tipo nos agentes, volições e sentimentos de posição superior. Só podemos unir a análise antropológico-histórica com a psicológico-ética. Esta análise determina que certas propriedades básicas das volições, que também podemos entender como processos elementares nelas, se evidenciam durante uma mudança de ambiente como expressões diferentes ainda que aparentadas. Deste modo, o uso da fortaleza, da energia, do valor, da laboriosidade estavam aparentadas entre si. Igualmente o são a compaixão, a solidariedade, o respeito pela motivação própria em outro. O fenômeno original reside no fato de que cada compaixão, cada amor tem seu fundamento numa comunidade e solidariedade e não suprime — mas abrange — a consciência de ser ele mesmo motivação própria.

2) Este fenômeno original se exterioriza na experiência vital, no sentido de que esta união de compreensão interior e de correspondência interior inclui em forma primitiva a extensão de atividade da compaixão e da preocupação por outros. Este fato é demonstrável em todo

lugar mediante o estudo dos povos primitivos e pode também ser evidenciado como fundamento no desenvolvimento ético dos povos culturais. Quem se encontra fora da solidariedade da horda é — como estranho — um inimigo.

3) Conseqüentemente, a suposição de um sentimento benevolente primitivo, extensivo a todos os seres vivos, é uma ficção. A co-participação, co-vivência do sentimento com a dor ou com a alegria fora de nós é um fenômeno elementar. Porém, em todo momento está ligado à reconstrução e à interpretação do interior alheio. Isto sempre pressupõe — contudo — a presença da consciência de uma união, de uma comunidade e é suportado por ela. Deste modo, sobre a base geral das participações, que alcança até o animal, se formam o respeito pelos interesses dos outros, a benevolência (ou seja: sobre o ponto central sentimental e volitivo e suas irradiações).

4) Esta propriedade geral das volições que se realizam entre os homens contém agora — lá onde as volições individuais das pessoas se estabelecem em relações regulares — uma modificação e elaboração. A volição e o rendimento de B equivalente a A não podem ser acolhidos sem obrigar B a render, em seu caso, o que corresponde. Designamos este segundo rendimento como obrigação ou dever, leva este caráter. A aceitação de uma expressa obrigação deve ter como conseqüência também o cumprimento dessa obrigação na unidade do Eu. Esta relação é a base do contrato, do direito, da honestidade. Do mesmo modo, o interior deve se expressar totalmente na extensão da solidariedade, ou seja, na palavra, no gesto e no agir: porque a compreensão, a comunidade estão ancoradas totalmente nessa transparência, e esta é, conseqüentemente, a pressuposição para o amor, a amizade, o dever.

Portanto, a veracidade é, neste sentido máximo, a base das relações vitais mais próximas. Não só exclui a mentira, como também a igualmente perigosa clandestinidade. Ainda, além disto, a veracidade como congruência entre interior e palavra é a condição do relacionamento humano, até onde, na realidade, chega a comunidade. A consciência ética do valor da veracidade se fundamenta então no fato de que a formação da coerência entre os homens se baseia totalmente no reflexo do interior no exterior, e a formação dessa comunidade é a base de todos os sentimentos morais de comunhão e de benevolência. A veracidade é, em última instância, a condição pela qual os indivíduos não se defrontam como estranhos e na obscuridade e portanto com repulsa, mas, sim, abertamente. Conseqüentemente, é a base real da vida sociomoral, isto é, entre as virtudes é, em seguida à co-participação, a mais primária, paralela à laboriosidade. Com as duas em conjunto é possível um mundo social.

<h2 style="text-align:center">18º</h2>

Obrigação e dever

1) Na medida em que com base na identidade consigo mesmo se desenvolve uma consciência de si mesmo, a personalidade, surge para os tempos vindouros a obrigação — mediante o ato de vontade tácito ou expresso. Esta obrigação também ocorre ali onde o recebido foi feito e aceito na pressuposição da reciprocidade, onde se estabeleceu uma relação vital de reciprocidade.

2) Deste modo, no desdobrar da necessidade à satisfação, a vontade está constantemente ligada, limitada. Esta possibilidade se baseia na natureza da vontade, enquanto esta não se acha sob o influxo das impressões, mas, sim, quer estar obrigada em si mesma e para além do tempo.

Porém, conforme sua conseqüência, só está obrigada através de algo afirmado expressa ou tacitamente por ela, através de um ato que realizou ou através de uma relação que formou. Em ambos existe como base a reciprocidade.

Incluído ali onde a vontade se obriga a si mesma, não a outro, mas, sim, frente a si mesma (um caso ao qual só se pode aplicar transitivamente o conceito de obrigação), a vontade se divide em certo sentido no ato anterior e posterior. Realmente obrigados, porém, só estamos sempre diante do outro, ao que nos liga esta obrigação, já que nossa vontade conclui um ato ou conformou uma relação, de acordo com a qual sua natureza permanece igual através do tempo.

3) Neste sentido, então, compreendem o direito e a obrigação toda a esfera de reciprocidade fundada sem importar que esse fundamento contenha uma interpretação de direito ou não exista nele uma obrigatoriedade do dever ou da proibição. E mais, estende-se até as relações nas quais a obrigação recíproca nem sequer se baseia numa determinação expressa, mas numa pressuposição tacitamente aceita e recíproca.

4) Aqui se pode observar um constante crescimento da esfera de honestidade, na qual se toma cada vez mais coisas como uma reciprocidade tal. Deste modo, a posição dos servidores — em seu transcurso histórico — penetra cada vez mais nessa reciprocidade.

De forma totalmente contrária à concepção patriarcal da sociedade, sempre há um progresso onde qualquer relação passa do domínio exclusivo da benevolência ao de direito e obrigação. Porque somente neste caso existe uma real garantia dos interesses, em virtude de seu próprio caráter de generalidade e obrigação, segundo os quais uma violação da honestidade provoca uma reação totalmente distinta da que provoca uma falta de benevolência (ainda que nem sempre ajustada ao direito).

5) Se a essa relação se acresce a coação dentro de um agrupamento que está provido de meios de coação absolu-

tos (não só relativos), então surge em *direito*. Este se diferencia das relações éticas assinaladas somente por sua capacidade de coação. Solução do problema básico do direito: por um lado está fundamentado nas referidas predisposições e desenvolvimentos morais. Por outro lado, está dotado de capacidade de coação e não pode ser imaginado sem ela. Seria errôneo não ter em conta tais aspectos. Poder-se-ia pensá-lo fundado na mera coacionabilidade, mas então se deixaria de lado os grandes fatos do direito dos costumes, do direito dos povos. Existe uma dualidade original no seio do direito: dentro do clã, direito privado e de família. Para fora, direito criminal = vingança, dualidade dos sentimentos de direito correspondentes.

Ao se saber a vontade obrigada por dever e direito frente ao mundo dos valores, objetivamente se completa o mundo moral no ordenado dos valores.

6) Do ponto de vista pessoal, esta obrigação é a *honestidade*. Esta, com o sentido do dever e da reciprocidade ordenada que lhe é própria, é de um valor moral totalmente independente de motivações. Não se pode entender o direito e a obrigação como o mero mecanismo no qual se realiza a benevolência, como parece pretender fazer Lotze, já que esta forma de conduta do ser humano frente ao mundo dos valores é indefectivelmente própria a esse mesmo, e de um valor moral totalmente independente.

Para demonstrar nesse mesmo sentido que a justiça é somente um meio para o benefício comum, Hume relatou um mundo de abundância absoluta, no qual a justiça seria então totalmente supérflua. Porém, a honestidade e a ordem dos valores desapareceriam então ao mesmo tempo num mundo assim, porque sua necessidade não está fundada numa posição, mas na natureza moral do homem. As relações de direito consistiriam então no direito de família, ou na ordem jurídica dos valores superiores, das dependências etc. Enquanto existirem vontades que tendam para valores e estejam localizadas em relações, também existirá a legalidade.

Isso mesmo sucede em outro caso delineado por Hume, caso se pensasse numa benevolência ilimitada que unisse o gênero humano numa família e suplantasse a legalidade. Com isso se suprimiria a estruturação clara e precisa em nossa própria vontade e no mundo dos valores.

19º

Idéia geral da coerência entre compreensão histórica, eticidade e arte (a vida ideal do homem)

1) A consciência de que o processo de recriação se torna possível com aqueles que têm como base a comunidade. Esta consciência se forma nos processos de recriação e de vida e se desenvolve nas relações inter-humanas e nos grupos.

2) Tal comunidade exclui o não-transparente, o estranho, a obstinação incompreensível.

3) Por um lado, com base nisto se desenvolve no estético uma validade geral estética, no intelectual a necessidade do pensar, no ético a solidariedade.

4) E mais, de tal compreensão recíproca, e sob as condições gerais de interesses comuns, surge na comunidade a formação e expansão da benevolência desde a horda até o Estado, e por último até a humanidade toda. Esta comunidade de interesses faz surgir, finalmente, o conceito de beneficência geral.

Nova refutação do utilitarismo:

Vemos agora que o utilitarismo inverte a relação verdadeira. Este considera em primeiro lugar o complexo tardio, produto da tendência de implantar a beneficência

119

geral. Disto deduz em seguida os fatos gerais já incluídos.

Por outro lado, com base nos processos de reconstrução, forma-se na fantasia uma elevação da vida, na condição geral de que esta se realize na direção da compreensibilidade. Todas as imagens servem para a elaboração de uma coerência, que proporciona uma vida anímica mais elevada.

20º

Aplicação à educação como um dos fatores principais do desenvolvimento moral

Disso se deduz que a idealidade é, seja como for, o produto de tais processos de reconstrução. E o é daqueles que permitem reconstruir mais favoravelmente a natureza humana superior.

Primeiramente isso se realiza no trato. Significação de exemplos pessoais para a educação de cada ser humano. O pai, cada mestre, deve ser um exemplo. Força conformante de grandes homens do presente. Imensa influência de seu exemplo. Os grandes homens do passado, os sentimentos humanos na poesia = formação humanista (através da ciência natural não podemos formar um ser humano que na vida política, no sindicalismo, na sociedade obtenha algo com a simpatia, com a benevolência. A clareza da razão pode se desenvolver na natureza. O desenvolvimento das mais elevadas qualidades morais está vinculado à leitura dos espíritos mais excelsos da literatura e da História. Não se pode substituir a simples grandeza dos clássicos. Homero, Platão e seus ideais deverão ser substituídos por Newton, Voltaire, Diderot. Então desaparece o básico da educação, o valor da reconstrução do importante).

21º

O múltiplo das aptidões éticas ou a organização ética do ser humano

1) Da mesma maneira que as categorias do pensar não podem se limitar a uma quantidade determinada, tampouco se pode fazer isso com as predisposições éticas. Sua interdelimitação rígida se conclui ser impossível. Trata-se da mesma relação que já se pôde determinar nos processos elementares da inteligência e das categorias resultantes deles. O mesmo ocorre com os rendimentos sensoriais. A razão disto atinge profundamente uma qualidade da vida anímica, que produz em todas as partes dificuldades para a investigação científica. Há variações, alterações produzidas por circunstâncias e condições de mudança etc.

2) Nem sequer podemos separar exatamente as predisposições éticas de outros traços essenciais da vontade. A natureza de cada predisposição anímica tem sua raiz no fato de que certas volições ou propriedades regulares delas costumam repetir-se. Em muitos casos isto está condicionado pela maneira como uma certa forma de volição está relacionada com um estado de sentimento agradável. A covardia e o valor são produzidos por igual no transcurso da vida; porém, podemos designar o valor como uma predisposição moral, visto que — como está ligado a uma elevação do estado de ânimo — surge disto a tendência a preferi-lo. Mas tais tendências de predisposição nem sempre podem ser designadas diretamente como éticas — também o acostumar-se é uma propriedade dos processos de acostumar-se, que, por sua vez, têm uma boa qualidade para a vida anímica. Igualmente a tendência de subordinar as volições isoladas àquelas que contêm uma regra. Não se pode decidir se essa predisposição *para* o

ético já deve ser designada como predisposição ética, e menos ainda se pode determinar seu número.

3) Diferentes predisposições. Esquema das mesmas:

· A circulação natural de *que* sentimentos também passam aos fatos.

· O acostumar-se como potência etificante, uso, costume etc.

· Acima da mudança de desejo e satisfação está a forma de conduta, que não muda e atua sempre nela, a regra.

· Relação exata entre necessidade e meios de satisfação. Onde não podemos nos adaptar à realidade mediante atos, devemos fazê-lo por sentimentos, em forma interior. Isto é a origem da religião. Esta relação, em que o homem se adapta interiormente se a adaptação dos objetos exteriores lhe é negada, também é uma predisposição ética.

4) Não podemos determinar que essas predisposições sejam rigidamente inderiváveis, como tampouco podemos rubricá-las. Porém, se as deixamos de lado, oferecem-se a uma certa interpretação metafísica. Este fato é importante para a estruturação da religião. Em certo sentido convergem para uma relação metafísica, segundo a qual as pessoas são unidas entre si para formar um império ético de pessoas.

TERCEIRA PARTE

A EVOLUÇÃO DA MORAL E OS PRINCÍPIOS DA ÉTICA SOCIAL

1º

Desenvolvemos aptidões. Como elas se modificam? As relações entre as aptidões éticas e os complexos éticos de força dentro da sociedade

INTRODUÇÃO

O utilitarismo vê nas grandes formas ou forças que atuam constantemente na sociedade — autodesenvolvimento, trabalho, propriedade, associação, matrimônio — somente peças de máquina que servem com vistas — a implantação de uma bonança geral. Estão relacionados com o ético como os meios estão com o fim. A sociedade é uma máquina cuja construção exige um milagre de compreensão.

Oponho-me a esta concepção: tais forças ou formas da sociedade surgem dos instintos e das aptidões éticas de cada indivíduo na comunidade social. Sua tendência para a bonança geral surge das relações individuais de processo volitivo e estados de ânimo. Assim como da colaboração das forças surge um sistema de movimentos, das evoluções na sociedade surge um estado total dos sentimentos na mesma.

1) Também dentro da sociedade as volições e os sentimentos estão relacionados entre si. Todas as volições que se realizam nela geram um sistema de correspondências com a contraposição de diminuição ou aumento de experiência. Portanto, pode-se designá-los como sentimentos, mas qualitativamente são completamente distin-

tos. A tensão da vontade em sua limitação pela obrigação e a paz emergente do cumprimento do dever têm pouca semelhança com o transcurso de desejos e prazer sensoriais.

2) Desse modo, a bonança pode ser considerada como a meta das volições na sociedade.

3) As satisfações dos instintos produzem uma satisfação passageira, porém os estados ligados às aptidões morais contêm satisfação duradoura. Portanto, no indivíduo e na sociedade a preferência por esta última acha-se ligada a uma exclusiva conformidade duradoura. Porquanto, dentro de certos limites, a sociedade facilita e converte cada vez mais em pressuposição lógica a satisfação da vida instintiva, surge nela a possibilidade de adquirir conformidade duradoura no desenvolvimento de aptidões éticas. Em comparação com os grandiloqüentes princípios morais, estas são considerações humildes e cruas, porém correspondem à realidade das coisas.

4) Em relação a essas aptidões éticas não afirmo que nunca possa ser deduzido algo mais, só afirmo que para nós passam a ser fenômenos primitivos.

Tais propriedades têm a tendência de fomentar a bonança geral, já que são a estrutura dos fatores da vida social. O desenvolvimento delas pertence então ao desenvolvimento da própria sociedade. Porém, a evolução da vida moral se realiza exclusivamente com base na evolução sociológica.

Não se pode responder *a priori* à seguinte pergunta: o que é ético? A resposta tampouco pode ser deduzida de um par de processos éticos. Devemos interrogar a própria evolução e em diferentes épocas, sendo que estas últimas darão respostas substancialmente distintas. Por ora, designamos como forças éticas os agentes que possibilitam a conformidade duradoura e um maior nível de ânimo. Mas a eticidade ou o próprio bem recente é aquilo que a evolução extrai dessas forças.

As necessidades e suas conformações só são de uma força envolvente na medida em que são necessárias para a automanutenção. Fora disto são individuais, passageiras, deixam um resíduo de fastio e aborrecimento. Ao mesmo tempo, onde não respeitam as qualidades superiores da vontade, entram em conflito com elas. Para que, então, toda esta vida? Esta é a última pergunta, partindo do ponto de vista animal. Porém uma conformidade duradoura é estabelecida por um desenvolvimento das conformações das volições, por emoções fortes e alegres que sempre se acham presentes e por um gasto em força que, sem atritos, está em ação na solidariedade com os demais homens.

Assim se forma o grande princípio da vida ativa: o júbilo de cada dispêndio em vontade e a utilização deste na solidariedade de interesses.

Ora, mediante a evolução surgem dessas aptidões forças ou formas da vida social. Em ciência social entendo por "força" uma combinação de qualquer estado de coisas psicológico com uma sensação que transmite a transição a uma ação. Uma força tal é a volição daquele que padece fome. Uma força tal é o estado de ânimo elevado na confirmação do valor. Em todos os casos em que um estado de coisas está relacionado com um sentimento que guia a vontade, essa força está presente. Todas as aptidões éticas são forças, elas se combinam com os instintos para formar coerências, forças de massa, especialmente em formas determinadas.

2º

As forças sociais

Axioma principal: a evolução da sociedade se realiza na correlação das forças individuais dentro de um âmbito. Já que estas consistem em instintos, sentimentos, aptidões morais, a evolução deverá derivar de sua correlação.

Em primeiro lugar, observo forças individuais que, na vida social, regularmente retornam e se combinam. Uma força assim é a fome, o instinto sexual, o costume, a consciência de parentesco.

Não dizemos que essas propriedades são primárias, é suficiente que não sejam reduzíveis, que não sejam deduzíveis das simples abstrações de bonança ou outros fatos similares parciais; por exemplo: compaixão. Compaixão só é a co-vivência de um estado individual, mas a co-vivência se estende por um âmbito mais amplo. Carlyle fuma em silêncio, sentado com sua mãe no pátio — quieto. Que quadro! Compreensão silenciosa como forma suprema de comunidade. Aparente aborrecimento do matrimônio.

Essas qualidades têm a tendência de fomentar a bonança geral, já que são os fatores constituintes da vida social. O desenvolvimento desses fatores pertence então ao desenvolvimento da própria sociedade. Mas a evolução da vida moral se realiza somente com base na própria evolução social.

Não se pode responder *a priori* à seguinte pergunta: o que é ético? A resposta, tampouco, pode ser deduzida de um par de processos éticos. Devemos interrogar a própria evolução moral, e em diferentes épocas, sendo que esta dará respostas substancialmente distintas. Por ora, designamos como forças éticas os agentes que possibilitam a conformidade duradoura e um maior nível de ânimo.

Porém a eticidade ou o próprio bem recente é aquilo que a evolução extrai dessas forças.*

Destas forças individuais, que retornam regularmente, se estruturam forças totais ou forças sociais de segunda ordem. Isto se realiza mediante a coordenação de várias delas num todo superior. Estas são, então, ao mesmo tempo coordenações ou formas sociais.

Sustento que as grandes forças reais ou formas da vida sócio-histórica não derivam da utilidade, mas, sim, surgem dessas aptidões morais vivas. Trabalho como princípio de constituição da sociedade, desenvolvimento individual, propriedade, associação, a natureza da família, o ideal das associações: tudo isto surge daí.

1) *O trabalho* é "gasto em vontade" contínuo, duradouro. Problema de derivar formas do gasto em vontade. Leva em si uma satisfação. Enquanto as satisfações de instintos se extinguem prontamente, aquele pode gerar uma satisfação contínua.

2) O trabalho é a base de todas as conquistas sociais. "Render pelo que somos" são palavras ocas! A satisfação duradoura e o domínio das paixões estão ligados ao trabalho. Disso a norma da moderna vida social: visto que cada gozo surge do trabalho próprio e daquele dos demais, e visto que para ninguém o outro é meramente meio, sendo, ao contrário, todos os homens de igual valor, então um nível de vida com maiores meios de gozo está sujeito à obrigação de um maior rendimento de trabalho, a missão da sociedade é tornar este postulado obrigatório.

3) *O desenvolvimento individual* é a forma necessária pela qual a pessoa põe em ação a satisfação de seus instintos, a conformação de um ponto central de conformidade duradoura em todo tipo de esforço, e deste modo a independência ou autonomia frente às fontes de prazer e

---

* Este parágrafo é cópia textual de um anterior, pp. 126-127 (N.T.).

não-prazer atuantes a partir do exterior. Uma norma também parte daí: a ordem da sociedade deve possibilitar um desenvolvimento individual para todos, ou seja, não devem existir escravos do trabalho. Cada trabalhador passa a ser membro da sociedade.

4) Uma exteriorização vital direta da vontade — que lhe é própria como forma — é a *propriedade* que se estende sobre o fruto do trabalho. Está na continuidade da vontade provedora de um resultado. Em seguida na manutenção destes na acumulação, e agora também propriedade dos meios de trabalho. Todo o direito hereditário só pode ser fundamentado no alcance — além da morte — da vontade contida no trabalho relativamente aos seus frutos. Norma: a vontade só encontra sua satisfação no domínio sobre efeitos adquiridos do trabalho. Se este fosse suprimido, aquela seria inibida. Se a propriedade fosse furto e todos os bens comuns, então a vontade forte e laboriosa elaboraria propriedade secreta, ou seja, originada no furto. Num sentido amplo, a escravidão da vontade é mais insuportável que qualquer outro mal, porque atua sobre todos ao mesmo tempo. Na sociedade, a tendência de permitir corretamente a satisfação das necessidades leva a um progressivo domínio sobre a natureza. Deste modo, precisamente aquilo que se eleva acima da necessidade, o livre exercício da vontade, a extensão da mesma a outros nas comunidades de vida, se converte em campo de jogo da vontade.

5) Qualquer tipo de associação é uma expressão da necessidade de parentesco, de comunidade etc. Conseqüentemente, tem sua forma básica no parentesco de sangue da horda ou da tribo.

6) O matrimônio e a família constituem uma forma de trabalho em desenvolvimento, porém não-superável em nossa representação. O matrimônio é o ideal realizado da supressão total do estranho, o que só podia ser obtido

através da comunidade sexual e dos filhos comuns. Este é o maior segredo do mundo.

O utilitarismo supõe que a bonança geral é a meta. Então, a partir daqui se deduzem o matrimônio, a propriedade, etc.; não de impulsos vivos, mas, sim, de um raciocínio que se move nos meios e na meta.

Portanto, esta consideração é o correlativo do mecânico. Este entrelaçamento de meios é idêntico no âmbito da vontade. Porém, nunca pode derivar realmente.

3º

A evolução ética

1) Não existe uma tendência ativa para o bem-estar comum em todas as épocas. Não existem juízos éticos e mandamentos da consciência ativos em todo momento. Os instintos, as relações de causas constantes com os sentimentos, as propriedades superiores da vontade atuam juntos no nível cultural primitivo. A imagem assim surgida só é realizável na fantasia, porém, os assim chamados povos primitivos ao menos nos dão uma analogia. Neste caso justamente é característico a interpretação de instintos despidos, de aptidões éticas de indivíduos, de aptidões degeneradas da vida instintiva.

Letourneau, presidente da sociedade antropológica de Paris e professor de antropologia nessa mesma cidade, entregou uma coleção completa em sua publicação *A Evolução da Moral*, em 1884. Seu resultado é que os preceitos morais gerais de nenhuma maneira se encontram no nível mais baixo da civilização. Há canibalismo, infanticídio, escravidão, matança dos anciãos, trato das mulheres como meros animais domésticos, aberrações sexuais de todo tipo. Nos potentados se evidencia em muitos casos uma total falta de humanidade. Um viajante da África conta do conhecido rei M'tsau de Uganda: uma jovem mulher lhe ofereceu uma fruta recém-colhida; o rei, rubro de cólera, declarou que era a primeira vez que uma mulher ousava oferecer-lhe algo e ordenou que ela, a mulher, fosse despedaçada.

2) Correspondente à vida instintiva, vê-se os pontos mais importantes no fato de faltarem sentimentos morais aos selvagens e como, pouco a pouco, tais sentimentos se tornam acessíveis. O infanticídio se perturba na formação de "anjinhos", na mistura de sexos, na prostituição, a escravidão e o canibalismo no trato das classes baixas. O medo dos potentados e sua incomensurável vida de prazeres em amplas sociedades monárquicas, o excesso de proibições religiosas sobre impulsos éticos e o poder da superstição em sociedades da hierarquia eclesiástica, processos de bruxaria etc.

3) Nas propriedades das volições humanas está contido um princípio de desenvolvimento; isto pode ser comprovado tanto no indivíduo como na sociedade.

Negativo: no conteúdo dos instintos não há uma razão suficiente para o desenvolvimento do homem que se realiza na sociedade. Isto só poderia levar a uma multiplicação dos meios para a satisfação dos instintos.

Caso se acrescente a simpatia, forma-se um âmbito secundário de preocupação por outros.

Mas, das conformações da vontade — as mais importantes foram analisadas por nós — surgem efeitos pouco perceptíveis mas permanentes, que se somam e têm como conseqüência uma elevação de todo o complexo ético do homem. Hume já disse que não são impulsos de ação violenta nos quais — definitivamente — se baseia toda a evolução, mas, sim, impulsos pouco perceptíveis, suaves, que se repetem regularmente. Nisso também se deve ver a razão do fato de que os motores morais foram buscados parcialmente na razão.

Positivo: 1) Da tendência para a não-limitação dos meios de prazer surge sua acumulação. Desse modo, na sociedade se consome uma gradual descarga da vontade em relação à satisfação dos instintos. Designamos como "progresso da civilização" àquele processo em que essa satisfação se faz — por um lado — cada vez mais perfeita, o uso das fontes constantes de sentimentos agradáveis cada vez mais amplo, e, por outro lado, isso custa cada vez menos gasto no trabalho. A princípio, manifesta-se um alívio das classes altas, em seguida nas mais baixas também se libera cada vez mais tempo livre do tempo dedicado ao trabalho físico. É a mesma relação pela qual cada vez mais processos no desenvolvimento biológico são realizados sem a colaboração do gasto volitivo da atenção.

2) Segundo uma lei fundamental da vontade, volições regularmente repetidas produzem um acostumar-se. Assim se formam — tanto no indivíduo como na sociedade — o costume, a tradição, o usual. Ao incluir o uniforme na consciência, surgem as regras do agir. Nestas foi dado um importante fator para a evolução ética. Quanto mais coisas transformemos em costume ou exercício, ou elevemos à categoria de regra, tanto mais descarregamos a vontade. Em lugar de constantes intervenções desta, sua ação se perpetua agora ponderadamente no costume ou na regra.

3) Agora, as intervenções da vontade — que eu chamo de aptidão ética — podem se desenvolver livremente. O desenvolvimento do indivíduo, o amor e o cuidado para as associações, a entrega às metas da cultura tomam agora o lugar da satisfação irregular de paixões.

4) Todavia, essa evolução se perturba constantemente pela extensibilidade dos instintos e das paixões. O luxo, o desejo de prazer, as ânsias de domínio se desenvolvem com o progresso da civilização. Portanto, na história da sociedade são necessárias grandes transformações mora-

is ou religiosas de vontade. Isto não é uma mera evolução, também existem processos que se desenvolvem na vontade total, são de grande profundidade e interrompem mediante catástrofes o curso da evolução.

5) Porém, apesar de todas as catástrofes, mantém-se a duração de formas e produtos que se conformaram, associações, instituições, criações do espírito etc.

4º

O homem primitivo e seu âmbito e a evolução da sociedade

A sociedade se desenvolve na coincidência dos fatores externos, o ambiente em que vive o homem, e com os fatores internos, dados na natureza humana. Vemos como uma espécie animal cresce ou decresce na quantidade de seus membros, se mantém estacionária, ou emigra conforme sua relação com os acidentes externos. Da mesma maneira se comporta qualquer conglomerado de homens. Num conglomerado tal de homens atuam o clima, a configuração do solo, a flora e a fauna. Como fatores internos atuam as propriedades do corpo, dos sentidos e da inteligência, os sentimentos, os instintos e a vontade.

Em sua conformação física, o ser humano evidencia um desenvolvimento escasso dos membros inferiores, tamanho apreciável das mandíbulas, dos dentes e dos órgãos digestivos. O homem primitivo não é tão apto para distribuir uma força considerável durante muito tempo; isto se baseia na alimentação menos adequada e a extensão relativamente menor do sistema nervoso. Demonstra mais facilidade para suportar influências perniciosas e uma maior indiferença frente a sensações desagradáveis ou dolorosas. Na medida em que o cérebro está menos desenvolvido, a puberdade começa antes. Os sentimentos não

134

estão regulados pelas relações através de um longo tempo e planificação da satisfação, mas são, ao contrário, caprichosos, movidos por impulsos momentâneos, incapazes de uma atividade regular e de um trabalho duradouro cujo prêmio está no futuro. Evidencia uma alegria infantil que não se obscurece por nenhum pensamento orientado para o futuro, se abandona totalmente à liberdade em sua expressão vital e afetiva. Seu desejo, sua necessidade de aprovação é tão grande que suporta estoicamente a dor que acompanha a extensão do lábio inferior perfurado por um pedaço de madeira ou o peso de pedras nos furos praticados nas bochechas, ou as bobinas elásticas no septo nasal. Apesar do decidido amor pelas crianças, os fueguinos vendem seus filhos como escravos, e os habitantes da Nova Guiné negociam um deles com um traficante, em troca de um bando de perus de que necessitam no momento.

Por outro lado, neles já se pode encontrar uma grande bondade elementar. O transcurso entre desejo e gozo não é inibido por razões de educação. Os instintos não estão sujeitos a uma vontade planificadora. Não se formou um acostumar-se ao trabalho contínuo. As propriedades intelectuais: sentidos poderosamente desenvolvidos, tendência a imitar. São incapazes de ir além do concreto. Não lhes interessa o novo e nada os surpreende. Em lembranças e imitação debilitadora se gasta seu espírito — como numa nora. Seu intelecto se desenvolve com maior rapidez e chega mais profundamente ao seu limite.

5º

O desenvolvimento da consciência ética
na associação. Autoridade e dever

1) Segundo as modernas investigações, a associação mais primitiva não é a família, mas a horda, o clã. Ainda

hoje em dia, em muitos povos primitivos, a família tem menor significação social que o clã. Em muitos casos falta uma denominação determinada para o ato do matrimônio. As cerimônias religiosas que acompanham o matrimônio são de uma época relativamente tardia. Não obstante, o homem primitivo acompanha os atos vitais decisivos — declaração de nubilidade, adoção — com cerimônias religiosas.

2) Representações primitivas do matrimônio vão uma ao lado da outra. Uma se expressa no matriarcado, outra no patriarcado. A primeira se baseia na idéia da consangüinidade. A criança surge da mãe. Na vida livre dos caçadores e pescadores, o laço entre pai e filho é relativo. O filho pertence à mãe. Assim surge o matriarcado. Com estas idéias básicas de ordem jurídica concorda também então a poliandria e esta conduta pode surgir por escassez de mulheres. Do matriarcado surge também o princípio da sucessão feminina. A criança não herda do pai, mas do irmão da mãe, do tio. O patriarcado não tem sua raiz na consangüinidade, mas na propriedade. O homem estende seu poder também à mulher e aos filhos. Com base no poder paternal se desenvolve agora a família e participa preponderantemente na evolução das aptidões éticas.

6º

O costume, o direito e a lei ética

Das aptidões éticas desenvolvidas até agora, surge dentro das comunidades mais antigas o costume. Duas propriedades da vontade atuam especialmente nessa direção. As volições são, especialmente dentro das comunidades, de igual tipo, e o exercício e o acostumar-se a determinadas volições permite transmiti-las de uma geração à outra. A vontade cai então no conceito geral do costume. Como tal entendemos qualquer forma de agir que através da exercitação chegou a ser idêntica e permanente. Pode dominar o indivíduo no seu agir. Se numa sociedade valem deveres comuns surge o "uso". O uso se converte em costume enquanto atuar como regra ou norma na comunidade.

Nisso, o costume se assemelha ao instinto. O instinto é uma transformação (mediante o costume) de movimentos conscientes em mecanismo instintivo. No costume permanece a consciência dos motivos, e o acostumar-se da vontade surgido no âmbito de uma sociedade se mantém animado pelos motivos. Todavia, Ihering indicou neste âmbito uma estranha transformação de motivos, que se realiza com a manutenção do mesmo costume. O processo é semelhante ao da transformação do significado das palavras. Os costumes vitais externos se mantêm e quando desaparece sua razão de ser são substituídos por outros. Desse modo sobreviveu a "ceia dos defuntos" que originalmente era uma parte do culto dos mortos. Hoje em dia, são outras e mais práticas as razões que a fazem perdurar. O costume de chocar os copos ao brindar tem sua origem no sacrifício de bebidas. O beber sangue se reduz a um beber do mesmo copo como mero símbolo de irmandade ou amizade. Assim a propina* assinala sua origem num copo oferecido, de que hoje em dia já não se tem memória.

Mas o costume não só se mantém pelo hábito, pelo acostumar-se, como mais ainda pelo juízo dos companheiros sobre desvios dos costumes. Assim também o costume tem à sua disposição castigos que podem ser tão sensíveis como os castigos do direito. Os mecanismos punitivos interiores do costume podem atuar tão fortemente como os extremos do direito.

---

* *Trinkgeld* (alemão) significa literalmente *dinheiro para beber* (N. do T.).

7º

A religião, o ideal e a aceitação do dever e a lei numa coerência compreensiva

Na época mais remota que nos é acessível, a ciência, a poesia e a crença (a fé) estavam unidas nas primitivas idéias animistas e nos mitos originados delas. Não parece haver povos carentes de religião. Num primeiro lugar, as representações primitivas são o ponto de partida para cultos e cerimônias que se relacionam com a sobrevivência do indivíduo e não têm contato com a vida ética. Porém, no culto dos antepassados e no sacrifício existem componentes que se relacionam com as já expostas aptidões éticas do homem.

A memória honrosa dos antepassados é um traço que falta em escassas oportunidades no homem primitivo. Em todos os casos se combina facilmente com aquela influência que também agora predomina em nossos sentimentos e desejos relativos a uma lembrança de um passado subtraído para sempre de nossa percepção: as debilidades e os defeitos do defunto são esquecidos e suas virtudes engrandecidas, de acordo com a sentença: "De mortius nihil nisi bene", que mantém sua vigência para todos os níveis da existência. Porém, no homem primitivo tal traço piedoso obtém sua influência significativa em relação ao espírito sobretudo através das representações que o homem primitivo faz da vida posterior dos defuntos. A alma, que escapa (do corpo) com o hálito da respiração e é pensada no geral como uma sombra ou como um retrato etéreo do homem, permanece por maior ou menor tempo no terreno de suas aventuras terrenais. Ou então ali onde abandona esse terreno para transitar para um reino especial dos mortos, enquanto se cultiva a memória do defunto, este se mantém

138

em contato com os vivos e compartilha com eles alegrias e dores. O sonho e a visão, que para o primitivo passam a ser realidade vivida, renovam esse contato, se ameaça extinguir-se.

O misterioso ir e vir de tais fantasmas, mais ainda o calafrio que produz a visão do morto, produzem facilmente uma relação entre esta e outra cadeia de representações. O misterioso vale ao mesmo tempo como o mágico. Sorte e desgraça são transferidos então para seres demoníacos que circundam os homens. Entre estes demônios se situa a alma do defunto, tanto mais quanto a própria alma fomenta a suposição de que toma parte ativa no destino dos parentes. Isto sucede algumas vezes ao oferecer seus conselhos aos vivos, de lhes inspirar boas idéias, outras vezes ao intervir diretamente em seu destino — como todos os demais demônios que proporcionam felicidade ou desgraça. Em não poucos casos, as almas se diferenciam então em demônios benignos e malignos, ao sobreviverem os defuntos valorosos e heróicos como espíritos caritativos, os maus e criminosos como espíritos danosos.

É possível que o impulso ético que de per si está incluído na lembrança idealizante dos antepassados seja perverso e às vezes completamente suprimido por essa combinação com representações de espíritos e magia. Porém, com tudo isso, não se deve esquecer que, por outro lado, precisamente motivos tais que excitam a esperança ou o temor dos homens são capazes de expressar um efeito mais duradouro. Se bem que a adoração idealizadora dos antepassados já não esteja totalmente carente de interesses quando, ao mesmo tempo, eles são chamados ou temidos como espíritos protetores ou vingadores, não deve desaparecer necessariamente o efeito ético que exercem as propriedades pessoais atribuídas a eles no mundo. De fato, existem suficientes testemunhos que comprovam que este efeito se realiza especialmente em duas direções.

Em primeiro lugar, encontramos o exemplo pessoal que incita à imitação. Se na tendência de idealizar na lembrança as qualidades dos antepassados já reside de per si um momento ético, então a representação que cria essa tendência atua de forma similar à realidade viva pela qual é tomada. O morto é um exemplo moral melhor do que poderia ser o vivo porque a fantasia não tem limites (ou, ao menos, têm somente aqueles que trazem consigo as condições da vida real) para adornar de virtudes sua imagem. Porque por natureza nunca existe para o homem algo absolutamente perfeito, sendo que no ideal que se representa somente pode reunir em nível superlativo aquelas qualidades que em cada caso sustenta como superiores e eliminar aquelas outras que lhe parecem odiosas. Entretanto, por mais deficiente que possa ser esse ideal, no efeito que exerce reside ao mesmo tempo a predisposição para seu próprio aperfeiçoamento — e, conseqüentemente, a possibilidade de um desenvolvimento ilimitado.

Numa segunda forma também atua sobre o presente a luz idealizadora que uma memória honrosa esparge sobre gerações passadas. O ancião que vive o entardecer de sua vida já recebe um mínimo da veneração que lhe é oferecida após o seu falecimento. O culto dos mortos — surgido oportunamente do sentido natural de piedade — atua, através da cor religiosa que proporciona a esse sentimento, sobre a intensidade deste, aumentando-a. Assim também desperta sentimentos, que aparecem como semelhantes aos do compromisso religioso, na honra dos pais vivos, dos anciãos e dos companheiros de tribo que sobressaem por suas qualidades positivas ou por sua posição.

Este é um exemplo do processo totalmente geral segundo o qual os povos reconstroem com o crescer da civilização as idéias primitivas sobre os antepassados, os heróis e os deuses. Estas idéias constituem a representação de uma existência ideal que conforma o espírito.

Desse modo, no marco dos processos religiosos e com base em representações morais, surgem ideais que representam heróis ou deuses. Os gregos tiveram um ideal assim em Hércules. "Hércules é o herói laborioso, sofrido, atormentado por penúrias e perseguições, porém firme e valoroso em todo seu infortúnio, e cuja virtude é premiada afinal com sua elevação à categoria de deus. Assim, no mito de Hércules se reflete uma concepção da vida no geral alegre e esperançada, mas que no particular assume com seriedade a vida e seus deveres. Hércules não é um ser abatido e curvado sob um peso, que sucumbe sem ajuda de Deus sob a carga que lhe é imposta, mas um ser poderoso que se ajuda a si mesmo com sua força e sua resistência" (Wundt).

Assim, as religiões primitivas são etificadas mediante as aptidões éticas. Dentro destas, em primeiro lugar se desenvolve o ideal, que logo é desenvolvido dentro do domínio da poesia desprendida da religião. O ideal ético se converte então numa das mais poderosas forças do mundo ético.

Da mesma forma vemos ligadas às religiões primitivas representações sobre a vida depois da morte. São representados uma terra especial dos defuntos, uma ilha dos bem-aventurados, habitáculos nos resplandecentes âmbitos do céu. Pouco mais tarde, com os gregos, vamos acrescer a isso a idéia de recompensa.

Ademais, partindo da representação dos deuses, se desenvolve a idéia dos mandamentos éticos. Se as deidades têm através dos sacrifícios uma relação com os homens, então o culto é uma obrigação para com aquelas que traz consigo certas vantagens. Assim, este conceito de autoridade, de legislador, se estende também sobre as representações éticas.

Se as religiões primitivas estão no começo do desenvolvimento, então no posterior transcurso da cultura aparecem religiões nas quais uma nação recompila e concentra o produto de sua cultura. As maiores entre elas são o ensino de Confúcio e de Buda, o Cristianismo e o Maometismo. Nelas, o ideal ético passa a ser o motivo central da religião e assim este se converte na força dominante sobre um vasto âmbito cultural.

Conceito de ideal

= uma tensão da vontade, que não está condicionada por obrigações, mas tem o caráter de uma livre realização de uma imagem representada de grande perfeição.

Motivos

1) Traço idealizador = a potencialidade estética ou a fantasia do homem. Cada máscara como antiface é, na realidade, uma intensivação etc.

2) A idealização de uma vontade surge nas relações volitivas de pais a filhos, caciques e tribo, adoração de progenitores e antepassados.

3) Ao retrotrazer estes ... [ilegível] surgem os princípios de uma representação de uma ordem ideal = heróis, figuras como ideais etc. O ideal recente adquire consistência numa ordem das coisas.

8º

O conceito do ético. Bem e mal

Com as expressões bom, malvado, mau, virtude, se expressam em primeiro lugar as propriedades necessárias para a missão do homem. Essa relação com a razão de conteúdo da vida humana também se mantém com a interiorização desses conceitos. Segundo os efeitos permanentes e em todas as partes iguais de tais propriedades, que geralmente são as mais distanciadas, a forma da vontade adquire nesse processo um valor incondicionado, independentemente das conseqüências mais próximas e individuais.

Na sociedade existem leis do direito e normas éticas, denominação de propriedades como virtudes e os juízos valorativos "bom" e "mau". Dentro do âmbito da ética da experiência interior não parece possível a determinação de validade geral dos indícios que caracterizam esses conceitos. Uma boa faca ou um par de botas más não têm nem virtude nem defeito à margem da necessidade a que servem. Desse modo, em princípio, entendemos também por "pessoa boa" uma pessoa que possui as qualidades necessárias para o cumprimento de suas obrigações; e estas qualidades — veracidade, honestidade etc. — que são indispensáveis para a solução de qualquer obrigação humana, nós as designamos como virtude. No homem bom formam — combinadas — sua faculdade de rendimento. Conseqüentemente, a opinião generalizada considera como bom ou virtude ou ético sempre aquelas qualidades que sempre e em todo lugar dão resposta a uma missão que a vida traça ao indivíduo. A isto corresponde também o idioma: a palavra "bom" tem o significado de "adequado". A palavra grega *agathos* determina a aptidão e ademais a origem como constância de tais propriedades hereditárias. O substantivo *arete* determina toda propriedade que outorga validade preponderante a uma pessoa ou a uma coisa. A palavra alemã *Tugend* (virtude) ainda hoje em dia está relacionada no uso lingüístico com a aptidão. A *virtus* romana sublinha a virilidade — o que é característico para o romano. Estas palavras recebem depois com o tempo um significado interiorizado. Observamos o mesmo processo em significados éticos individuais. *Rectus*, reto, é originalmente aquele que vai pela senda acertada.

Se agora esta interiorização bom, mau, virtude se desprende, por último, da relação com metas a serem realizadas, para designar com ela uma forma de vontade, então também para isso é possível localizar facilmente a razão no transcurso natural da consciência ética. No juízo e na forma de agir se respeita cada vez mais, à margem dos efeitos diretos, também os indiretos, que se estendem sobre os âmbitos mais amplos da sociedade.

Assim o juízo da conformação se libera das conseqüências imediatas. Exige-se sempre veracidade de nós, mesmo ali onde tenha como conseqüência uma desvantagem direta para outros, porque toda a existência de uma forma mais nobre de sociedade repousa na confiança. São Crispim confeccionava sapatos para gente pobre com couro roubado; não julgamos esta atitude preponderantemente a partir das conseqüências imediatas — o benefício das pessoas pobres comparado com o escasso dano provocado contra o rico comerciante de couro. Em contrapartida, reconhecemos, por um lado, essa atitude orientada para o bem dos demais, atitude que arrisca à forca, porém condenamos mais decididamente ainda uma forma de agir e de pensar que dentro do âmbito da propriedade é altamente perniciosa para a sociedade.

Desse modo, a valorização de uma forma de agir decorre de suas conseqüências especiais; no entanto, com a estimação das conseqüências se mantém sujeita ao geral. Ao mesmo tempo o juízo que se forma no todo social irá prescindir, cada vez mais, de todos os modos da especialidade do caso individual, para sublinhar em todos os casos e em forma geral o acionar duradouro de uma atitude ou propriedade.

Isto concorda com os resultados do método social-ético. Há formas de agir e propriedades que são apropriadas para manter unida a sociedade; elas dão satisfação ao indivíduo, fomentam o domínio da sociedade sobre a natureza, fomentam a unidade, a harmonia, a estreita coesão dos indivíduos no todo social. Estas propriedades ou formas de agir nós as designamos como virtude, bom, ético. Em todos os casos podemos provar nas obrigações da vida humana aquela que na consciência humana é julgada assim. Esta é uma comprovação rigorosa para demonstrar a coerência entre a consciência e as obrigações efetivas da vida humana. Deste modo, todo moral busca, em última instância, os motivos que estabelecem o cumprimento das obrigações da vida na sociedade, sua sanção, seu desenvolvimento para a máxima força possível. O conceito de obrigações vitais é cumprido concretamente pela consciência ética dos homens. Sua ilustração científica conforma toda a fundamentação de uma ética sã.

Mas, antes de começar com os alicerces, é necessário elaborar um projeto de construção. Devemos ter consciência daquilo que se apoiará sobre a terra.

9º

As molas gerais e constantemente ativas da vida ética

Da mesma maneira, existe uma coincidência no sentido de que certas molas atuam uniformemente em cada estado da sociedade com caráter ético, isto é, realizam em cumprimento das metas da vida na sociedade.

A conformação da vida na sociedade, correspondente às obrigações traçadas pela vida, se realiza através de uma série de molas ou impulsos (*Triebfedern*); estes são designados conseqüentemente como molas éticas ou morais. A expressão *sittlich* é uma tradução de *moralis* porque no alto alemão médio *sittlich* se emprega como sinônimo de *sittig*, que significa "conforme os costumes". Entretanto, a expressão latina *moralis* foi elaborada — segundo sua própria e expressa explicação, feita por Cícero (*De fato* I) — a partir da palavra grega *ethicos*. Esta expressão foi introduzida por Aristóteles, para diferenciar as virtudes do caráter (as éticas) das dianéticas. Ele mesmo assinala que para isso resulta única a relação próxima de ethos e ηϑοζ. Na realidade, ambas as expressões têm uma relação etimológica. Desse modo, a coerência de costume e eticidade é posta como base na denominação das línguas, porém, não pela consciência instintivamente atuante, mas, sim, pelo pensar científico e a formação lingüística deliberada.

Em lugar de isolar segundo determinados critérios essas molas éticas, nós as recompilamos mediante o indício empírico e inequívoco indicado pelo fato de que foram considerados tais molas em todos os tempos.

1) Toda tendência para a capacidade pessoal e a satisfação e o reconhecimento exterior relacionados com ela é considerada pelo homem que pensa naturalmente como ético, como moral. A manutenção, a incrementação, a energia e o poder da atividade vital sempre foram considerados como componentes de uma vida sensata. A mera caricatura e máscara desse motivo estão contidas no princípio ético da teoria do prazer.

Se isolamos esta mola, de imediato se evidencia como insuficiente para dar coesão à vida na sociedade. Se os cirenaicos extraíram dela o prazer, o tender para o prazer e o fugir do não-prazer é somente o indício de um agir acertado, de uma vida sã. No âmbito biológico, os instintos existem antes da experiência do prazer que proporciona sua satisfação. Isto é confirmado pela experiência interior, segundo a qual o poeta faz seus versos por um impulso interior, não pelo prazer posterior. Ou segundo a qual o caçador e o soldado preferem ter fome e sede, ser feridos, morrer e dominar a somar sensações de prazer numa vida ociosa. O certo é: melhor um homem insatisfeito que um porco satisfeito.

2) *A mola da simpatia, da benevolência, do amor.* Assim como os animais vivem em rebanhos, assim, também, vemos no homem atuar instintivamente o instinto de companhia. Goethe (*Fausto*) já demostra que é uma mola moral:

"A pior companhia te faz sentir que és um ser humano com seres humanos".

Cícero e depois dele Grócio mostram que a vida do Estado se baseia no instinto de companhia. A compaixão ou a simpatia são sentimentos aparentados com tal instinto. Aqui não investigaremos ainda qual é sua raiz comum. Na compaixão, um estado que se verifica em outro produz em mim um reflexo particular e mais débil: estou como se sentisse na alma do outro — o nível de outro me eleva, o de um círculo social eleva toda minha existência, em caso contrário exerce uma pressão sobre mim. Este fato do sentimento é, como tal, primário, algo dado diretamente. Nunca se fez uma comparação psicológica mais destituída de acerto que aquela contida nos intentos de Spinoza e outros similares, de reduzir a compaixão a uma conclusão, ou a um processo de associação. Por outro lado, esse sentimento sempre foi considerado como uma mola ética de primeira categoria. Moralistas masculinos, como Kant, o negaram. É certo que a dose de prazer contida na compaixão pode fazer duvidar.

Leitoras de acidentes no periódico, lamentações comuns em reuniões sociais. Os sentimentos fortes nem sempre são fonte de decisões. A bonança se encontra muito desenvolvida precisamente em seres despreocupados, em jogadores, segundo Goethe em prostitutas, junto a uma intenção desavergonhada, mesmo junto ao prazer da crueldade. O que faz fluir com tanta facilidade essas lágrimas kotzebueanas* é a diluída debilidade sentimental da falta de caráter. A especulação com tais sentimentos na poesia é um desvio dos poetas chulos e faltos de caráter. Daí que a teoria de Schopenhauer — de que a compaixão é a única mola do ético — é uma animalização do ético. Sem dúvida, a simpatia é, por outro lado, um forte ingrediente na maioria das formas de sentimentos éticos. Como elemento básico natural está contida na adoração, na gratidão, no amor. No amor logo se realiza a ampliação da existência acima da esfera do ser próprio, e com isto a supressão da egoicidade.

Conseqüentemente, no amor o instinto simpático, que pode surgir passageiramente, se converteu num estado duradouro da consciência, numa forma da vontade, em seguida numa chama que arde constantemente e fornece calor a todo o recinto. Uma pessoa egoísta, rude, áspera chega a ter uma criança; a partir deste momento pode se compenetrar totalmente nela como num ser superior, vive para esse ser; e assim pode estabelecer-se através do amor maternal um desenvolvimento ético superior. Mas tampouco esta mola, por poderosa que seja, pode estabelecer a conformação da vida na sociedade. Sua importância ética foi observada corretamente por Hutchison, Hume, Adam Smith, Schopenhauer, mas ninguém pôde jamais deduzir dela cientificamente a honestidade e a veracidade.

3) *Sentimento do dever e do direito, consciência de obrigação no dever e no direito.* Correlativo com isto o respeito pela finalidade própria no outro. Esta mola cons-

---

* Referência a Auguste von Kotzebue (1761-1819). *"Rührspiel"* (alemão), *comédie larmoyante* (francês) — "drama lacrimoso", diríamos. Tudo na crítica européia parece indicar ter sido este autor algo como um novelista mexicano sem tevê. " (...) intrigas sentimentais, pecadoras arrependidas e ingênuas sensuais, *'sensiblerie équivoque'* [pieguismo]. Autor fecundo (...) Ver, entre outras obras, *Histoire de la Littérature Allemande*, Georges Zink *et alii*, org. Fernand Mossé; Aubier, Éditions Montaigne, 1959, p. 606. (N. Editora).

titui a verdadeira espinha dorsal de toda a conformação de vida na sociedade. Porém, atua de diferentes formas, na honestidade, na retidão do agir, na força coerciva das formas do direito — independentemente de sua exigibilidade exterior.

Esta mola não pode se estender como mero reflexo na consciência da ordem legal atuante por pressão exterior. Não fazemos aqui uma teoria sobre a evolução e o desenvolvimento histórico. Visto o indivíduo empiricamente, na fidelidade da pessoa frente a si mesma — coerente com o ser próprio ou identidade — está dado o cumprimento da obrigação, pressupondo que outra pessoa ou grupo de pessoas — de posse do valor próprio e também em condições de manter a fidelidade frente a si mesma — estabeleça uma relação com aquela. Desta maneira surge a consciência de obrigação, que em última instância tem sua fundamentação na fidelidade frente a si mesmo e no respeito do valor próprio de outras pessoas. Porém isto também é a fundamentação do fato de que cada ordem legal prática é sustentada, à parte a pressão exterior, por uma mola moral interior. Por isso, a honestidade tem um alcance muito maior que a ordem legal positiva. Essa virtude vale para todos os casos nos quais existam relações de propriedade ou algo comparável a isso entre pessoas propriovalentes*, seja por compromisso expresso ou pela natureza do assunto. Entretanto, a honestidade se estende a todo tipo de compromisso.

Segundo isso, o direito natural contém em si verdades duradouras. Segundo ele, no homem existe uma propriedade formativa do direito. Esta consiste na faculdade da pessoa de contrair e sustentar compromissos, na associação de tais pessoas propriovalentes e no uso de seus direitos, em estarem munidas de uma esfera da qual

---

* Dotadas de valor intrínseco (N. Editora).

possam dispor — ainda que esta fora somente seu próprio corpo. Mas sobre esta base, cada época, na formação do direito, é guiada por um direito natural que está baseado nas relações entre pessoas propriovalentes, na comparação de seus aportes, em seu entrecruzamento de funções — isto é, um direito natural que é histórico.

Esta mola é a verdadeira medula da árvore da conformação social da vida. Sem amor pode-se chegar a ser um homem eminente, porém não sem honestidade. Esta é uma imagem da verdadeira relação entre ambas as molas. Os esforços de emancipação da mulher sempre terão diante de si o fato de que essa mola não tem nelas a força suficiente para a vida política. A mulher está predestinada a ser guiada pela razão prática e o sentido do direito do homem.

A fórmula de Kant: age de modo tal que a máxima de teu agir possa ser considerada de validade geral — esconde por trás da forma da generalidade lógica a relação de vontade da igualdade de direito das vontades. Só posso exigir e pretender impor minha vontade se respeito nos demais essa mesma intenção. Assim como conto com o compromisso de vontade ou a promessa do outro, devo observá-los eu mesmo.

4) A essas grandes molas de toda eticidade pessoal — que de alguma maneira compõem o âmbito pessoal da eticidade — se acrescenta uma entrega aos valores ou bens independentes que o trabalho da História produz e que ultrapassa esse âmbito. Denomino esses bens e os efeitos individuais contidos neles como "sistemas culturais". Esta mola de trabalho e de entrega da pessoa aos bens produzidos ou a serem produzidos pela humanidade também aparece na consciência como não dependente de outras molas. Não corresponde a esta observação e rubricação empírica determinar qual é a coerência genética que se produz. Segundo a precedência especialmente de Platão,

150

Schleiermacher e Hegel conquistaram um mérito perene no âmbito da ética social, ao estabelecer pela primeira vez este princípio ético da realização dos valores contidos na razão prática. Porém não é possível fundamentar neste princípio, como fizeram eles, todo um sistema ético correspondente à vida.

5) Uma nova mola reside na estreita união do indivíduo nas unidades de agrupamento família, tribo, Estado e nos sentimentos de dependência, domínio, associação, entrega condicionados por ela. Se a ética é baseada nisto, então se deriva o ético do domínio, da lei e da ordem legal positiva. Esta derivação não é o resultado.

6) *A isto são acrescentados fatores coadjuvantes secundários:*

a) Na consciência, os valores são unidos numa coesão de utilidade e relacionados com o significado da vida. Estas operações racionais foram consideradas reiteradamente na época racionalista da moral como fundamento primário de determinações éticas. Aqui se deve enquadrar a *fitness of things*, ou a *amplitudo rerum* de Clarke —incorporação da vida individual na coerência do valor das coisas. Cada ser, cada coisa deverá ser considerada em relação a sua posição no todo, e da mesma maneira, a própria atitude deve se ajustar à natureza das coisas. Estas expressões, natureza, posição no todo etc., contêm em si a valoração inerente às molas éticas imediatas.

b) Igualmente o princípio estético da alegria no ideal, da conformação perfeita da existência.

10º

A combinação das molas éticas na cultura e no ethos *dos povos e das épocas*

1) O conceito de cultura e de história cultural.

A cooperação destas molas no Estado preexistente de uma sociedade designamos como a cultura ética ou o *ethos* de uma época. Conforme o ponto central vivo da cultura.

Cada todo social se compõe de unidades de vida. Deste modo, sua estrutura é também o andaime para a cooperação das unidades vitais humanas.

2) A estrutura dos indivíduos se baseia na estrutura geral biológica. Esta é, em sua forma mais simples, reação momentânea por movimento a um estímulo. Em níveis superiores, as diferenciações, combinações e acréscimos aumentam cada vez mais. Na unidade vital humana são recebidas impressões, mas, num foro íntimo, o homem é um feixe de instintos que se relacionam com o sistema dos instintos e sentimentos. Deste modo são incentivados os interesses, os processos do pensar são elevados de alguma maneira e as impressões são elaboradas para formar conhecimentos. Mas isto acontece ao serviço dos interesses, que a isto se juntam. Desse modo, cada percepção tem algo assim como um lado interior, instinto, interesse, volição e pode transformar-se em movimento voluntário. Assim o pode cada representação e cada processo composto do pensar. Por isso se realiza na vida anímica um determinado processo de estímulo, instinto, movimento voluntário tanto na parte individual como também no composto. Neste processo se realiza uma constante adaptação da unidade vital de vida ao seu meio ambiente, melhor uma conformação de vida plena e a satisfação no sistema instintivo e sentimental conexo a ela.

Este processo se realiza também em grande escala na sociedade de uma época. Costuma-se sempre denominar cultura a forma como uma época pensa, vive, atua. A, partir destes fatos podemos agora definir melhor o conceito de cultura. Cultura é a própria coerência interior, a própria unidade concreta como aparece também na pessoa. Portanto, denomino essa unidade concreta que aparece simultaneamente no indivíduo e na sociedade de uma época como sua cultura. Com base nisto, a característica da cultura é então ser a unidade viva da pessoa. A cultura de uma época pode ser considerada como a forma como esta coerência estrutural se outorga órgãos do desfrutar, do agir, do criar.

O centro dessa coerência estrutural conforma então o centro dos sistemas nos quais a cultura tem a coerência de sua vida. A ciência é o mundo do perceber e do pensar. Eticidade, religião e arte a conformação da vida instintiva e dos sentimentos na sociedade; os processos sociais e técnicos conduzem o mundo exterior. Vemos agora a forma na qual as molas éticas se reúnem para formar o todo concreto do *ethos* de uma nação numa época histórica a partir daquele.

11º

As épocas da cultura moral

O transcurso da cultura moral nas três gerações de povos culturais demostra em princípio um *ethos* natural que une a sociedade. Esse processo é acompanhado pela implantação de ideais, normas e no geral também princípios éticos. Se se diminui a força vital natural do *ethos* nacional, se se emancipam as tendências naturais, então na sociedade surge um antagonismo de princípios que pretendem guiar a vida. Nos povos antigos apareceram assim a moral e o direito natural dos sofistas, a teoria do prazer dos cirenaicos e epicuristas, e frente a eles sistemas éticos conservados.

Na sociedade mais moderna se estabeleceu então nos séculos XVII e XVIII o sistema natural de moral, direito e religião. Em nosso século atuam ao lado do animalismo (que se serve da concepção mecanicista da natureza e do método evolucionista para sua fundamentação) o utilitarismo, além de uma teoria em constante evolução, que parte da vontade, das funções da vida na sociedade e da observação histórica da vida moral.

A cultura moral dos povos do Oriente — a primeira geração de povos culturais acessíveis a nós — está sustentada numa hierarquia sacerdotal. Conseqüentemente, entre suas molas é o religioso o meio para dar coesão à unidade social da ordem social despótica. Nada mais resta vivo entre nós dessa cultura, exceção feita de uma teoria cada vez mais diluída relativa a uma relação especial dos reis com a deidade. O reinado pela graça de Deus, a ordem hierárquica do catolicismo, são os últimos efeitos desse sistema.

O *ethos* dos gregos, que dava coesão à sua sociedade, e a cultura moral dos romanos aparecem como muito similares durante o período régio e aristocrático. A classe dominante desenvolve um sentido de Estado extraordinário e este conforma a mola dominante da consciência ética. Nas aristocracias de Esparta, Atenas ou Roma a guerra e a política eram os meios para acumular poder, prazer e posses. Deve-se observar também em forma prosaica essa época heróica e aristocrática. Terras repartidas, despojos de guerra e escravos são o fruto de cada guerra feliz. A força concentrada do clã aliava-se à satisfação do egoísmo pessoal de seus membros. Sobretudo em Esparta, os guerreiros aristocratas são os latifundiários que submetem aos seus feudos grandes extensões de terra. Em Roma, as guerras felizes estão unidas à extensão do domínio territorial, aos rendimentos tributários para os círculos de cidadãos governantes. A isso se acrescem molas religiosas, que incentivam os sentimentos políticos de clã nos tempos mais antigos; os filos, fratrias e gentes têm uma consagração religiosa de sua coerência.

Entretanto, tanto na Grécia como em Roma o *ethos* da grande época foi consumido pela crescente desigualdade da propriedade, pelo ceticismo religioso, pelo sibaritismo etc. As associações cederam à população industrial que foi surgindo, enriquecida através do comércio. Na Grécia, os filósofos pretenderam, sem êxito, evitar a desagregação mediante o monoteísmo cientificamente fundamentado. Menos êxito ainda obtiveram os esforços religiosos e políticos de restauração. Em Roma, o mecanismo administrativo do império não encerrou um verdadeiro vínculo de caráter ético.

Da mesma maneira, nos povos mais modernos, prevaleceu o espírito militar até o momento em que — nos séculos XIII e XIV — as cidades chegaram ao poder.

12º

Os princípios morais de uma ética

Com a mesma rigidez de leis incondicionais, a ética — partindo da suposição de juízos incondicionais — estabelece um sistema de prescrições coerentes entre si. Na imagem da lei moral ou da consciência, este todo é compreendido logo como uma unidade. Nesta unidade a proibição do roubo e a exigência de dar formação a si mesmo aparecem com a mesma intenção de ser uma lei incondicional. E mais, nos sistemas mais elaborados desse tipo, sobretudo nos de Fichte e Schleiermacher, as exigências de respeitar a propriedade e as de conformar sua individualidade, ser religioso, se expressar artisticamente aparecem paralelas umas às outras em diversos âmbitos do sistema logicamente estruturado. Dito com brevidade: os mandamentos mais simples da consciência e as mais excelsas sutilezas da cultura moral se põem diante de nossa vontade exatamente com a mesma exigência.

Se bem que este fato científico não confunde a consciência com o que costumam ameaçar nesses casos os seguidores de Herbart, porque esta — de acordo com sua natureza desenvolvida até agora — nunca sofre pelas dificuldades da teoria, apesar de ganhar constantemente com suas descobertas: pela razão de que em primeiro lugar é sensação, que logo se clarifica até formar a lei geral, e compartilha com isto toda a indeterminação dessa forma do espírito, porém, também a certeza imediata que não pode se perturbar por nenhuma reflexão, mas se aclarar. Contudo, se confundem sim deste modo os fatos para a investigação. Porque segundo a conseqüência dessa concepção, ou bem todas as possíveis finezas do ideal da razão deverão ser pensadas como incondicionalmente obrigatórias, ou então junto com aquelas as exigências simples da vida moral se converteriam num mero ideal e perderiam o caráter de obrigatoriedade incondicional. A natureza totalmente distinta e a força do juízo moral naquele e neste caso excedem esse tipo de ética como uma questão não-resolvida. Porque a subordinação lógica como razão de explicação dessa diferença real só evidencia com maior clareza a dificuldade presente.

Essa mesma discrepância entre os fenômenos reais e a ética sustentada até agora aparece quando se investiga a tão importante relação da incondicionalidade de prescrições morais que comportam sua forma e a variabilidade destas, que se manifesta em seu conteúdo. Também aqui uma dessas éticas, que reconhece tal incondicionalidade, estabelece um sistema logicamente estruturado de consciência moral, que é necessário e portanto incapaz de alteração e no máximo suscetível de uma progressiva clarificação. Deste modo, surge regularmente ao redor dessa ética o ceticismo, ofendido por esse fantasma de um sistema moral integral, à vista da História e da alterabilidade manifesta nela do juízo moral do homem, e ela explica agora o moral como um produto histórico, como resultado da sociedade, como uma força que nos rodeia, cujo direito só consiste então no fato de que hoje nos rodeia e nós utilizamos esse ar para nele viver.

Novamente nos vemos conduzidos ao mesmo ponto: uma obrigação moral que abrange todo o sistema da ética não pode nem se afirmar nem se negar. Isto significa que não podemos levantar totalmente uma obrigação assim nem mantê-la incondicionalmente. Assim como ali nos contradizia a sensação moral vivente em nós, aqui nos contradiz o fato histórico.

As contradições da ética atual, enquanto esta estatuía juízos morais incondicionais, só podem ser solucionadas se observamos com olho crítico o conceito de juízo moral incondicional, ou melhor, o do dever, da obrigação com a qual essa ética opera como se fosse um fator simples e em todo o momento de igual magnitude. Não existe tal dever simples e igual em todo momento, do que então surgisse um sistema acompanhado da mesma obrigação simples e igual em todo momento. Pelo contrário, na forma de nossa obrigação aparecem grandes diferenças. Mediante uma observação contínua, isto já se demonstraria a partir das distintas colorações em que aparecem os juízos morais. Porém, por ora é, como hipótese, a suposição necessária para a supressão daquelas contradições.

É razoável, na realidade, tal suposição? Vimos — segundo Kant — que o juízo moral é incondicionado; favorece a vontade para o bem por ela mesma. Estabelece juízos sintético-práticos *a priori*. Até sua clarificação em leis gerais, esses juízos aparecem em nós como sensações. Conseqüentemente, nossa consciência moral se fundamenta com algo sintético. Isto pode ser pensado como uma unidade, como uma multiplicidade inabarcável, mas também como uma pluralidade composta de diferentes membros, de modo que nossa organização moral, igual à lógica, se representa em determinados membros. Neste caso, segundo a diferenciação das sínteses, haveria também que esperar uma diferenciação na forma que lhe é própria.

Para encontrar um ponto de apoio em nosso próprio interior para a solução das dificuldades mencionadas anteriormente nos retrocedemos em nós mesmos e tratamos de abarcar as distintas obrigações que surgiriam das distintas sínteses.

1) Em primeiro lugar surge a obrigação definida em seu conceito rigoroso. Não é o ideal moral o que aqui exige, mas, sim — com base numa obrigação recíproca —, uma vontade ou uma relação recíproca reconhecida. Esta natureza é exibida, sobretudo, pelas relações do direito. Porém, num posterior desenvolvimento moral, a natureza dessa razão vai muito mais além do fixado pelo direito. Designamos com o nome de *honestidade* a relação normal de um ser humano com essa esfera. Conseqüentemente consideramos agora como obrigação incondicional o que segundo essa síntese fundamental da honestidade é o dever. Igual aos demais itens, no que diz respeito às relações empíricas, é suscetível de uma expansão ilimitada. Porque tudo no mundo pode ser considerado do ponto de vista de nossa relação com outros, como está determinado pela reciprocidade das prestações. E mais, a fidelidade e a conseqüên-

cia diante de nós mesmos podem ter o caráter de obrigação, ao nos confrontar com sua exigência que obriga nossa própria vontade, fixada por atos anteriores. Há caracteres para os quais, pela natureza de seu fino sentido do dever, toda sua conduta moral cai essencialmente sob o ponto de vista da honestidade. Porém, até onde atinge a honestidade, esta considera seus motivos sob a forma de obrigações incondicionais, pelo que seus atos lhe aparecem como obrigações e os caracteres intercalados se consideram endividados em certo sentido e ligados a partir de um princípio a esses atos.

2) De natureza totalmente diferente é a forma do dever em que se expressa a *benevolência*. Não nos inclui nessa cadeia rígida de obrigações recíproca com que a honestidade considera nossa vontade. Pelo contrário, nos incorpora ao livre intercâmbio de sensações humanas que — sem a sensação de pressão — se estendem através de todo o mundo moral, unindo de forma muito mais profunda que a honestidade o homem ao homem, já que aqui o destino de outro é sentido como nosso próprio. Por sua natureza, desta síntese não surge uma forma de dever tão fechada como a da honestidade, porque para ela tampouco se desenvolveu na linguagem uma designação específica. Porém, essa forma é a de uma necessidade que tem sua raiz na sensação, a de um não-poder-de-outro-modo, a de um estar sob domínio de uma sensação crescente, aumentante, progressiva até uma necessidade interior. E mais, a emoção dessa sensação se transmite inclusive ao observador desinteressado, de modo que a comunidade interior dos indivíduos humanos que se manifesta na benevolência também repercute nele e é recriada na forma de simpatia, de compaixão, de participação. Frente às expressões de profunda benevolência, a aprovação ou reprovação são abstratos frios, que não expressam a natureza essencial e sempre

igual do juízo moral que aparece como encarado diante da benevolência.

3) A validade geral é a forma pela qual se nos apresenta todo dever que não é determinado por uma obrigação recíproca nem por participação, mas, sim, por um *ideal* imaginado. A síntese que aqui serve de base às diferentes formas é a de perfeição, a do tender para um valor interior. Esta razão sintética de nossos juízos morais manifestada na perfeição tem como particularidade que o valor nela anelado, que a significação e perfeição de nossa existência que nos imaginamos nela, no geral é pensada mediante uma pressuposição teórica. A tendência à perfeição é, tal como a benevolência e a fidelidade jurídica, uma síntese criadora de nossa organização moral; porém, na forma como é apresentada, como é explicada na consciência, se põe em contato com o conteúdo teórico de nosso espírito. Conseqüentemente, existem tantas formas diferentes de compreender a natureza e a razão dessa tendência de perfeição e valor quanto níveis culturais. Uma vez na intuição de Deus, outra vez na razão da própria estrutura do mundo. Nas teorias da perfeição se deduz dela — bem ou mal — todo o conteúdo de nossa consciência moral.

As distintas formas do dever, tal como foram estabelecidas aqui, aparecem em formas determinantes numa constante mudança nos sistemas morais e na própria vida. De imediato, a natureza do moral aparece como obrigação e dever, com a inquebrantável rigidez com que prende e com o rígido caráter de condenação que acompanha sua violação. De imediato também, como na vida das mulheres, mas, também, em sistemas, aparece na benevolência e na participação a razão de todo nosso agir. Finalmente, a vemos no ideal de validade geral, na perfeição imaginada, de modo que nossa existência põe-se diante de nós como a imagem diante do artista, aquela que este é obrigado a formar do mármore. Ou seja, todas essas formas se entre-cruzam. Apoiando-se reciprocamente na vida, lutando uma contra a outra na moral. Enquanto uma e outra teoria se colocam frente a frente, ao ser convertida em base de explicação do mundo moral uma dessas sínteses criadoras que conformam nossa organização, já seja o direito e a reciprocidade expressa nele ou a benevolência ou a perfeição, na realidade esses três elementos sintéticos, que são a base de todos os nossos juízos morais, se complementam para formar a imagem total de nossa organização moral.

Conseqüentemente, essas formas nos levam ao conteúdo. Recentemente podem nele ser aclaradas completamente. Nele podemos esperar encontrar uma resposta para a pergunta de Kant: "Tudo passa diante de nós num fluir e o gosto que se altera e as diferentes figuras do homem fazem que todo o jogo seja incerto e falaz. Onde encontro pontos rígidos da natureza, que o homem nunca possa deslocar e onde eu possa fixar marcos que lhe permitam discernir a margem em que deve desembarcar?"

Se como conseqüência disto os elementos sintéticos que conformam o fundamento do mundo moral — tal qual nós os buscamos — deverão possuir o poder como para mover, devem aparecer como uma tendência que trata de chegar à sua realização.

No entanto, os elementos sintéticos que conformam a base da moral devem mover, sem que o prazer importe a razão desse movimento. Como se pode pensar isso sem contradição, já que apareceu em vários momentos como resultado de nosso desenvolvimento até agora? Se o elemento sintético que une nossa vontade e o mundo dos valores imaginado por ela não só reside no prazer próprio, se aqueles atos que possuem uma qualidade moral têm como base outra síntese que une a vontade e o mundo dos valores, então há duas sínteses desse tipo que estão mais próximas do espírito que se vê em si mesmo. Se se pensa o mundo dos valores unido à nossa vontade, e todavia não por meio do prazer, então isto sucede aparentemente mediante o valor interior pensado da pessoa, que deve ser realizado. Ou então o mundo dos valores não está ligado à nossa vontade através de nosso bem, tampouco através do valor interior de nossa pessoa, mas, sim, através do bem e do valor pessoal de outro, pensado desde o mais próximo até o mais distante. Ou então negativamente: em relação ao mundo dos valores, minha vontade está ligada por uma conseqüência própria; ela é determinada e limitada.

De nenhuma maneira se deve confundir essas sínteses com motivos que conteriam tal ou tal valor. São, ao contrário, as formas de conduta prática de nossa vontade, enquanto esta seja moral, mediante as quais se relaciona com o mundo dos valores. Poderiam ser designadas como categorias práticas. Elas contêm o elemento sintético, mediante o qual a vontade e o mundo dos valores estão unidos entre si, enquanto esta união for de natureza moral.

Aqui se amplia então o horizonte da ética. Observa o espírito humano para determinar como este, com base em sínteses apriorísticas, estrutura as formas capitais de sua existência. As leis psicológicas são leis formais puras. Não se ocupam do conteúdo do espírito humano, mas de sua conduta formal. Em certo sentido, são a linguagem, a sintaxe e a métrica da poesia, considerando por esta vez a alma humana como tal. Conseqüentemente, o erro da moderna escola psicológica reside no fato de que pretende explicar a História — ou seja, a soma da existência humana até agora — a partir da psicologia — ou seja, a partir da ciência das formas em que se desenvolve nossa vida espiritual. Se se prescinde do fato de que o sintético que sempre se deve agregar para o conhecimento do transcurso humano histórico, para que do processo surja a lei — não só na natureza da alma humana, mas paralelamente na natureza da conformação da sociedade e do Estado, na natureza do dinheiro, nas leis da economia nacional — então a própria natureza humana adquire, além das leis formais de procedimento, da conduta formal da alma, também elementos básicos de seu conteúdo. Esta é a grande descoberta de Kant, que reconheceu nas formas do juízo pressuposições metafísicas fundamentais, as categorias. Analogamente a essas categorias, dentro do mundo moral, a relação da vontade com os valores parece estar fundamentada por uma síntese que constitui a relação prática entre aquelas. Torna-se ostensivo que ao menos as primeiras duas sínteses positivas não só aparecem como sensação e impulso, como também são seguidas de prazer. Porém — por exemplo — a benevolência ativa não é impulsionada em seu movimento por prazer ou não-prazer, nem o prazer emergente dela é sua meta. A essência da benevolência é que nossa vontade se relacione com o mundo dos valores em forma direta, só através do bem alheio — e só através deste.

Aqui se manifesta uma série de dificuldades psicológicas, mas uma observação interior contínua constata a relação interior exposta, a qual deve ser satisfeita pela investigação psicológica.

No ideal atua a imagem de uma forma de agir sobre uma alma, a pessoa traça uma exigência para si mesma. A meta é a perfeição, a necessidade de desenvolvimento das forças, da máxima intensivação das melhores forças. O ideal é uma potência ética sumamente poderosa. Mas não tem caráter de obrigação. O ideal do herói da *Ilíada* não é obrigatório para o leitor, porém este o imagina. O ideal de renúncia da Igreja Católica está acima do homem comum. Uma obrigatoriedade só nasce através do voto. Prescindindo dele, flutua acima das cabeças dos homens.

A violação do dever exclui da associação ou grupo, a violação da benevolência exclui da esfera da entrega recíproca. A violação do ideal nos exclui do mundo imaginado, do mundo de existência ideal pertencente ao espírito.

Por sua natureza, o determinante da vontade é diferente nessas formas diferentes. Um princípio que em forma totalmente igual deduz as regras da honestidade, as leis da benevolência e a implantação do ideal, uma ética assim é uma ficção única, inconcebível. Na realidade só existe uma ética que se desenvolve de baixo para cima, não uma que segue caminho inverso.

APÊNDICE

FILOSOFIA PRÁTICA

I — BASES

1) A construção histórica da consciência atual.

Se existisse uma ciência de validade geral que em axiomas evidentes partisse das condições da consciência e chegasse às metas da pessoa individual e da sociedade, uma ciência assim não necessitaria de uma fundamentação histórica, como não a necessitam a matemática ou a mecânica. Assim trabalharam Spinoza e Fichte, acrescentando axioma atrás de axioma, e em seguida só tiveram de observar se dispunham dos meios para estabelecer sem resquícios essa ciência de validade geral. Se, em contrapartida, um pensar de validade geral não pode ser extraído em todos os casos (até aqueles que representam as metas mais elevadas de toda a vida) da totalidade da pessoa, então as bases recentes devem se formar mediante uma construção histórica da consciência atual. Esta determina os limites para os axiomas; aclara a pretensão do saber na ciência atual, que quisera correr os limites eternos de seu direito; deixa permanecer profundidades, riscos, bosques impenetráveis que hoje em dia se opõem ao pensar; ela libera a alma, retirando dela o peso das exigências científicas que surgiram da posição da ciência e só podem ser explicadas a partir dela.

2) Fundamentação psicológica teórico-cognoscitiva.

Esta evidencia: experiência interior, sua realidade etc. Por último evidencia a suposição da personalidade original, como a mais coincidente com a experiência.

Axioma nº 1: As metas do agir devem estar dadas aos homens, independentemente do raciocínio científico.

Este axioma não é suscetível de uma demonstração rigorosa, já que sua validade só está fundamentada na praticidade da disposição e conseqüentemente tem esta como pressuposição.

II — OS FATOS ÉTICOS QUE SERVEM DE BASE À FILOSOFIA PRÁTICA

Axioma nº 2: Certas expressões vitais elementares estão acompanhadas de uma valoração que as distingue, de uma apercepção de superação. Isto pode ser percebido quando aparecem em mim mesmo; conseqüentemente, esta superação é diferente das próprias expressões vitais, isto é, pode enfrentá-las como juízo. Da mesma maneira, pode ser percebido na concepção de ações de outras pessoas, às quais me vejo então à frente como um observador imparcial. De igual modo, também uma apercepção de vergonha, uma depressão, uma sentença judicial estão ligadas a outros atos. Num como noutro caso um juízo está presente e a expressão consciência designa a razão desse juízo em nós, enquanto for concebido como não-derivável, como original. A consciência julga. Através de seu juízo determina a comissão de atos, embora não seja originalmente motivo.

Axioma nº 3: Estas expressões vitais, que estão ligadas a uma apercepção de seu valor, podem ser designadas conseqüentemente como expressões vitais superiores. Tenha-se bem em conta que aqui não predico, apenas digo o que está, como o matemático, que persegue as propriedades de seus números através de axiomas estranhos. Ora então: em nós se encontram, neste sentido, expressões vitais superiores. E mais, a superação que influi não se acha ligada a reflexões relativas a suas conseqüências. Comovem-nos, sem que seus efeitos agradáveis nos incitem a isso. Elevam nossa alma a sentimentos fortes, sem que tenhamos em conta um efeito destes. Kant sublinhou isto especialmente. Ele o designou como a dignidade independente, como o valor absoluto do ético. Também aqui nós só registramos o fato. E este não exclui que de alguma maneira imperceptível para nós os efeitos tenham como conseqüência essas valorações. Isto deve ser investigado.

III — POLÊMICA CONTRA A MORAL DO INTERESSE E DO EUDEMONISMO, ENQUANTO NÃO SEJAM CONCILIÁVEIS COM ESTES FATOS

Axioma nº 4: Estas expressões vitais — superiores neste sentido — acompanhadas de uma valoração especial, não podem ser deduzidas das expressões inferiores, isto é, do prazer, do não-prazer e do interesse que estão ligados à satisfação do indivíduo. Pelo contrário, estas expressões vitais são elementares ou originais, conseqüentemente a união de superação com elas não está condicionada mediatamente, mas, sim, dada imediatamente com elas. Este axioma deve ser sustentado frente a qualquer intento de derivação, se é que se quer pretender sustentar o direito da própria vida superior. Isto não pode ser evidenciado mediante uma demonstração de validade geral. Só pode ser deduzido indiretamente do fato de que tal derivação suspende essa valoração e — em caso de ganhar terreno — acaba por destruir gradualmente a consciência ética. *A missão mais importante* dos moralistas atuais parece ser levar adiante, sem contemplações, essa demonstração indireta contra a hipocrisia ou mediania de idéias que evita tal conseqüência. Aqui se trata de ser ou não ser. Frente a esta questão vital, a enumeração de idéias éticas ou uma estruturação de bens têm pouco significado.

Esta demonstração indireta deve ser conduzida de modo tal que se parta da suposição opositora mais simples. As expressões vitais éticas são ou elementares ou produtos secundários da civilização. Esta alternativa já se pode encontrar nos trabalhos de Platão. A segunda possibilidade encontrou agora um desenvolvimento. Têm-se desenvolvido hipóteses cada vez mais sutis e artificiosas, em última instância pelos ingleses, por Ihering e Laas. O método de sua refutação só pode se partir da suposição mais simples para suprimi-la mediante seu desenvolvimento conseqüente. Reside no fato de que no indivíduo os juízos éticos se formam a partir das impressões, ou seja, das impressões de prazer e não-prazer que acompanham as percepções e a partir do interesse. Em seguida deve-se demonstrar que todo acréscimo que se fez até hoje a essa teoria não eliminou as dificuldades. Tais acréscimos consistiram na incorporação da simpatia e na suposição de que os sentimentos éticos surgiram num transcurso histórico da vida social em virtude da *ratio* que há neles. Mais tarde, esta forma de considerar a coisa pode ser complementada com uma discussão que trate de forma geral a impossibilidade do intento. Entretanto, nunca se pode conseguir uma evidência rigorosa com este método, já que não se pode incluir todas as possibilidades.

Ao lado da demonstração indireta se situa a livre expressão do conteúdo na consciência. Nesta sabemos sempre que a superação de nossa alma está ligada diretamente a essas expressões vitais superiores, sem ter em conta as conseqüências.

Com isto se relaciona o resultado da psicologia sobre a originalidade da personalidade. Desse modo se estabelece uma coerência positiva, que resulta de grande convicção. Se se abandona o âmbito do pensar de validade geral justamente ali onde se trata da vida e morte da consciência e do coração, então deve ter sido a vontade de Deus que nossa mais profunda vida ética e nossa mais profunda fé tenham surgido juntas no trabalho da vontade pura e não por raciocínios e induções.

IV — POLÊMICA CONTRA TODA CONSTRUÇÃO DE UMA MORAL OU ÉTICA QUE AFIRME OFERECER FÓRMULAS PARA OS CASOS DA VIDA. DISSOLUÇÃO DA ÉTICA IDEALISTA

Axioma nº 5: O axioma nº 3 só pode ser desenvolvido até um certo grau de exatidão, cujo limite reside na intransparência e no fundamento elementar pessoal dos fatos que conformam essas expressões vitais éticas superiores. Assim como a natureza elementar destas não pode ser evidenciada exatamente por nenhuma demonstração, tampouco podem ser reduzidos seus traços individuais mediante análise aos elementos exatamente determinados. E mais, sua natureza é precisamente serem pessoais e *não-transferíveis completamente*. A emoção do coração, o forte impulso da vontade, formada por representações uma vez assim e outra vez de outra maneira, e todavia impossível de separar das representações, sua figura histórica, hoje tão boa como então, e esta figura histórica inseparável daquilo que sempre foi e sempre é: quem poderia separar aqui em elementos e relações esmeradamente diferenciados, sempre iguais? Este é precisamente o erro de uma filosofia falsa e abstrata, já que os elementos originariamente simples, sempre iguais, *nem sequer existem.*

O erro é destilar estes mediante um processo de abstração deles como de elementos elementares.

Aqui se deve sujeitar a moral idealista abstrata à crítica, da mesma maneira que o eudemonismo no axioma anterior. O erro de uma metafísica é correlativo ao de uma moral construtiva. Esta se esforça em deduzir do pensar em conceitos claros as regras do agir que para cada situação vital oferecem a fórmula geral para a solução das obrigações especiais. As fórmulas dessa moral construtiva são correspondentes aos princípios metafísicos. Schleiermacher escreveu uma crítica da teoria da ética, na qual submete as fórmulas a uma crítica acertada, em benefício daquelas desenvolvidas a partir do bem máximo no sentido de seu platonismo naturalista. Sua crítica destruiu nesse âmbito, desarmado, desfeito, como a de Kant no seu correspondente. Strauss qualificou duramente essa impressão. Porém, foi a reprovação de um homem realmente a-filosófico, inexperiente no pensar abstrato, ao dizer que faltava a essa crítica o ponto de vista histórico: este teria evidenciado também a justiça das outras fórmulas. O ponto de vista histórico não pode chegar a isso. Fórmulas que sustentam a aspiração de surgirem conceitualmente obrigatórias de elementos sempre iguais e válidos e de suas combinações de igual caráter, e que oferecem para cada caso a regra geral: fórmulas tais devem ser examinadas sistematicamente em consideração a essa aspiração. Não querem ser historicamente relativas. Deve-se dar-lhe seu direito. Nisso, Schleiermacher cumpriu até o momento só medianamente sua missão, ao deter-se ante os conceitos da teoria dos bens. Estes devem ser submetidos à mesma crítica destrutiva e podem sê-lo facilmente. Não existe uma construção de deveres éticos do homem mediante conceitos de validade geral. Não existe nem uma base metafísica nem uma empírica para tal construção. Numa última reconsideração

172

não se pode construir uma vida nem das emoções elementares inferiores, nem dos elementos éticos superiores. Um procedimento tal é análogo àquele que espera derivar uma coerência do mundo das percepções. Evidenciado isto, para a compreensão e a total dissolução *é necessário* na realidade uma análise histórico-teórico-cognocitiva cujo objeto sejam essas construções individuais: o *tratamento histórico destas*. Trata-se de um problema de grande significação localizar a origem da fórmula do dever na época da *Stoa* (coerência com o direito romano, ou com a relação com o império de Deus na Terra?)

Se assim se destrói a falsa sistemática, então surge a questão: quais operações da razão prudentemente limitadas são possíveis para chegar a axiomas da filosofia prática os mais gerais que seja possível? A velha filosofia prática está morta. Talvez seja possível outra solução histórica.

V — A ANÁLISE

Se agora analisamos, o ponto de partida deve estar constituído pela espécie e forma do julgar em sua relação com os atos. Se isto não estivesse presente, não existiria a diferenciação de inferior e superior, então entre os atos não haveria outra diferença de valor a não ser a referente ao prazer que proporcionam. Se voltamos de uma comédia de Shakespeare, então julgamos — a partir da elevação de espírito que proporcionou — que o efeito é mais elevado que o de uma farsa, apesar de que talvez tenhamos rido muito mais desta última. Ao processo intelectual que se manifesta nos princípios de Newton atribuímos mais valor do que ao processo no qual nasce um livro de leitura elementar. Estas valorações permanecem muito indeterminadas. Mais difícil ainda é comparar um processo do pensar com outro de gozo estético, ou este com um ato político, para estimar o diferente valor que possuem em nosso espírito. Mas está atravessado ou uma diferenciação que se refere à forma de estimar. Aquilo que se encontra na liberdade da vontade, surge em combinação com outra forma de julgar, diferente daquilo que nada tem a ver com ela. Nisto se fundamenta a diferenciação do moral (ético). A diferença reside na forma fática de observação. Não pode ser concebida simplesmente como uma diferença de estimativa. Em certas circunstâncias, estimamos mais intensamente, com um maior grau de elevação, uma propriedade intelectual do que uma moral. Porém, em relação à diferenciação em que se manifesta, há uma distinção entre o fato de se é responsável, se é produto de seu trabalho ou não.

Qual é a razão última? Esta pergunta pode se opor a esta outra: qual é o ponto central da vida anímica? E aqui temos uma resposta na psicologia. Uma unidade localizada na própria alma, se bem nunca de todo clara para ela, só subsiste nos processos da vontade. Eles somente partem da alma para fora. Todo o resto de fora para dentro. Eles somente estão acompanhados da consciência imediata de que atua como unidade.

Uma conseqüência disto e uma verificação são a assim chamada sensação moral. Esta não é sensação, mas, sim, apercepção de relações da vontade e de valoração de conformações incondicionadas da vontade.

A pedagogia para uma vida superior

O indivíduo é determinado e conformado tanto pelos diferentes sistemas culturais como pela organização exterior. O processo de desenvolvimento é então inclusão nesses âmbitos vitais. Rousseau acreditou poder determinar a unidade do homem consigo mesmo somente distanciando-se daqueles. O princípio da educação é, todavia, o fato de que as mesmas forças que *no indivíduo se unem para a conformação de sua vida pessoal também geraram o Estado, o costume, a ciência, a arte etc.* A concepção psicológica da sociedade possibilitou recentemente o achado do princípio da pedagogia que reside na unidade da alma a desenvolver com as figuras da vida histórico-social. Assim surge o princípio real que possibilita a educação e que, por outro lado, evidencia a meta do desenvolvimento pessoal em concordância com a coerência e a vida da sociedade. O ponto em que se realiza esta união é a *profissão*. A educação, tem a missão de formar o indivíduo segundo suas predisposições particulares. Esta missão leva por si só — conforme a harmonia da sociedade contida no princípio anterior — à prestação que corresponda à necessidade da sociedade estruturada em tipos de profissão. Assim, a missão da educação se desdobra na formação do indivíduo e em seu treinamento profissional. Estas missões divergiriam, se no indivíduo não se manifestasse uma aptidão cujo desenvolvimento se verifica na formação e no exercício profissional. Porque os tipos de profissão surgiram por uma diferenciação da orientação geral psicológica e nas condições da sociedade, e o indivíduo penetra nesses tipos em conseqüência da mesma diferenciação. Uma formação profissional é aquela que realiza essa diferenciação.

Durante sua educação, o indivíduo recebe influências de todos os âmbitos da vida social. Anteriormente mostramos que não necessita ser separado dessas influências. O indivíduo respira na família, na igreja, na vida científica, na coerência socioestatal. Desde um princípio vive em relações vitais. Ninguém deve querer isolá-lo. Durante este processo, a educação só deve guiá-lo e formá-lo.

CAPÍTULO I

Primeiro axioma

Os atos volitivos humanos produzem símbolos, *fórmulas* gerais, que se originam a partir de leis elementares. As mais importantes leis elementares são:

1) O transcurso desde instintos dispersos até uma estruturação destes.

2) A relação básica de motivação contida em cada movimento instintivo, conteúdo instintivo e meios, os movimentos.

3) A lei do costume.

4) A coerência básica de ação e reação nas relações de distintas unidades vitais entre si.

Destas coerências básicas surgem as formas dos processos volitivos na humanidade. Estas são: o desenvolvimento de coerências motivadas, de bens, o surgimento de costume, uso, lei, conformação de regras, máximas, prescrições éticas e juízos éticos.

Segundo axioma

A análise dos processos volitivos unidos na humanidade possibilita a descoberta de um princípio geral, que sofre a conformação das intenções volitivas *de conteúdo* que estão incluídas nessas formas, segundo os processos e suas leis. Este *princípio* é o do *bem-estar social.* Cada conteúdo de um costume, de uma prescrição legal ou de um juízo moral pode ser deduzido do fato de que na sociedade as intenções persistem em seu bem-estar e se traduzem nessas formas. A missão da investigação histórica é encontrar no âmbito do costume, do direito e do juízo social os elos que colaboram para essa formação.

Esta concepção correta do princípio de bem-estar social foi utilizada por Bentham para fundamentar a legislação. Biologicamente foi fundamentada por Spencer e historicamente demonstrada — no direito e no costume — por Ihering. Assim se prepara a possibilidade de estabelecer uma teoria similar à economia política, na qual, da intenção de uma sociedade de produzir bem-estar social, são derivadas as transformações em conteúdos volitivos aparentemente muito heterogêneos, mediante as leis básicas da vida volitiva.

Terceiro axioma

A determinação dos valores individuais contidos no princípio do bem-estar social é deduzida empiricamente das formas volitivas de uma sociedade; e psicologicamente deve ser deduzida dos âmbitos instintivos e sentimentais.

Observações: o utilitarismo usou aqui um método duplo. Os seguidores de Bentham extraíram do princípio a forma do prazer: formularam a *pressuposição indemonstrável* de que o impulso de instinto e movimento volitivo reside no prazer, pelo que em sua obtenção está dada a satisfação e a meta do agir. Formularam a segunda *afirmação indemonstrável* no sentido de que o conteúdo que é sentido no prazer é indiferente para a satisfação, pelo que sentimentos de igual intensidade são equivalentes entre si e intercambiáveis. Sob esta pressuposição surgiram seus conceitos básicos de mediano e máximo. Face a estas suposições, a moral não pode pôr como base outro princípio hipotético da originalidade do processo de vontade; deve, ao contrário, conformar-se com a teoria puramente empírica dos âmbitos de instintos e volições.

Porém, por último, existe a evidência empírica de que a capacidade de intercâmbio de sensação de prazer de igual intensidade e a redução dos instintos a sentimentos é errônea. Bem: Paulsen, I, página 197 e seguintes.

Quarto axioma

A teoria dos bens tem razão no fato de que a humanidade vive a vida nos processos de vontade que a partir de seus instintos, necessidades e emoções sentimentais realizam valores e os objetivam de alguma maneira, para em seguida gozar dele. Também aqui se faz valer um importante traço fundamental destacado por Wundt. Os valores ou bens não movem a vontade pela satisfação particular do indivíduo, mas, sim, têm na consciência um valor próprio, e mais, justamente na entrega a esses valores próprios reside um dos traços essenciais de um modo de pensar elevado. A descrição de como os instintos humanos produzem os sistemas compostos da vida social mediante os processos volitivos é a sociologia, ou, no sentido moderno, a antropologia. Em contrapartida, a derivação da estruturação dos bens a partir de um princípio cultural, em sentido mais amplo princípio ético, é, em todo momento, apenas a expressão de um ponto de vista histórico. Um princípio cultural assim está condicionado historicamente.

Observação: pode-se demonstrar no princípio cultural de Schleiermacher que a razão transpassa e forma a natureza, porque à parte deste existem os princípios restritivos, cujo tipo a Idade Média estabelecera.

CAPÍTULO II

Quinto axioma

Constatamos que o agir do indivíduo é guiado sem intermediários pelo princípio do bem-estar social. Na sociedade este princípio se mantém em vigência mediante o interesse próprio de permanência do todo, através dos meios de punição, recompensa, autoridade e costume.

O indivíduo, contudo, entra na sociedade com sua vida própria. Se não o pensássemos disciplinado nela mediante os meios indicados, então buscaria satisfação para sua tempestuosa vida instintiva. No entanto, talvez haja algo mais nele que dá à sua vontade a tendência para o bem-estar social.

Nasce a pergunta: quais são as razões que determinam que o indivíduo renuncie ao seu bem-estar próprio em favor do bem-estar social?

Sexto axioma

Partimos de um fato cujos fatores formativos talvez sejam compostos, porém, para nós é suficiente o próprio fato. Num determinado nível médio dos processos volitivos, o bem-estar próprio e o bem-estar social se encontram em coincidência entre si. Ao nos preocuparmos com nossa saúde, fazemos algo útil para a família, a comunidade e o Estado. A energia e a poupança em questões econômicas, que satisfazem ao tão desenvolvido instinto de propriedade, também acabam por serem úteis para a sorte econômica de nossa família e nossa nação. O investigador que se abandona ao impulso do saber, o poeta que cria, o artesão que com suas mãos produz coisas úteis segundo inclinação e talento: todos eles se entregam à satisfação de instintos existentes neles, vivem para seu talento e ao fazê-lo fomentam com isto o bem-estar social. E mais, é melhor fomentado que se quisessem pensar, criar ou trabalhar por princípios morais.

Da mesma maneira, propriedades que são úteis para o bem-estar social correspondem em muitos casos também ao bem-estar próprio. Uma atmosfera de paz também assegura a paz pessoal do indivíduo; moderação, justiça, benevolência acabam também por serem úteis — dentro de certos limites — para o próprio bem da pessoa.

Observação: as pressuposições de coincidência do bem-estar próprio e do social, como são representadas por Schopenhauer e sua escola (que agora também se estende cada vez mais pela Alemanha), são a da economia política inglesa, a das ciências radicais do Estado.

Sétimo axioma

Entretanto, os problemas superiores da moral recente se colocam quando entre o interesse próprio e o bem-estar social se produz uma controvérsia: quais são as razões para que o indivíduo pretira seu interesse próprio para cumprir com seu dever de preocupar-se com os outros? Este é o problema da moral. Os encobrimentos utilitaristas deste fato não resistem frente à simples sensação ética, e muito menos frente à análise moral.

Observação: razão e erro da moral utilitarista. Segundo minha maneira de ser — que você conhece —, me preocupa o fato de que tudo que atua deva ter uma força para isto; em que reside o direito de uma teoria ética assim? Tanto na moral quanto na estética e pedagogia existem regras absolutas, de validade geral, ou seja, essas regras também passam através da moral e aqui são a expressão dos sábios, nos quais com base na natureza humana a sociedade reage segundo a harmonia de seus interesses sobre os atos dos indivíduos. Isto mesmo pode ser expresso no sentido de que o indivíduo só age sem atritos nessa estrutura da sociedade se se incorpora à coerência de motivos da mesma. Os motivos que passam através da sociedade atuam como forças naturais. Assim como a lei da gravidade atua sempre ali onde existem corpos, assim também vale em todo lugar que a honestidade na conduta comercial somente tem como conseqüência uma superação não-perturbada de toda a pessoa. Assim mesmo vale que uma conduta amável, caritativa, desperta amor em todos os lados. Estes juízos atuam tanto mais fortemente, as regras se impõem tanto mais energicamente quanto mais similar for a posição das pessoas e quanto mais solidariamente unidos estejam seus interesses. Conseqüentemente, atuam com maior intensidade no nível médio da sociedade. A história natural do desenvolvimento dessas regras seria na realidade investigação moral histórica. Assim como na sociedade atual se formam regras do direito à luz da História, assim também se formam sentimentos morais dominantes, algo assim como institutos da conduta moral.

Porém, toda essa ordem moral que garante uma conduta média que nunca surgiria tão identicamente e confiável da força da moralidade pessoal é, supõe-se, somente a base para o processo histórico e o processo pessoal de moralidade e religiosidade pessoal. Esta base parte precisamente do transcurso do universo, no sentido de que a sorte, no significado corrente da palavra, não é a dádiva por uma entrega moral. A fragilidade do universo, a experiência da ingratidão daquele que enfrenta o sacrifício, a validade da aparência, a vitória do cálculo frio que evita atritos por sobre o entusiasmo: disto partem eticidade, religião e poesia—isto é, a vida superior. A transcendência do sacrifício por outros indivíduos e a entrega a motivos que em si têm um valor ilimitado, é, de per si, a raiz de todo o transcendente.

Oitavo axioma

Os âmbitos intuitivos e sentimentais que determinam todos os atos volitivos se desenvolvem no ser humano em crescimento constante com base em motivos. O problema de uma forma de reação por um lado está em relação com a vida anímica a que pertence, e por outro lado com os estímulos através dos quais se põe a atuar. Até agora, não foi possível apresentar uma teoria dessa relação. Na natureza fundamentamos o fato de cada mudança de força através da lei de causalidade e o correspondente axioma da conservação da energia. Isto é possível porque as representações básicas mecânicas pelas quais explicamos o som, o calor ou a luz permitem a derivação de uma forma de movimento de outras. Caso se quisesse realizar agora algo similar para a vida anímica, então se deveria poder derivar o novo estado da coerência adquirida da vida anímica, do processo consciente que conforma seu ponto central e dos estímulos que penetram a partir do exterior. Todavia, ocorre que nos faltam todas as representações mais ou menos seguras a respeito da natureza da coerência anímica adquirida. Isto nós o provamos. E mais, faltam-nos as determinações qualitativas para cada processo. Isto também nós evidenciamos. Finalmente falta-nos toda possibilidade de visualizar a transformação de um estado em outro mediante elos intermediários se não se quer interpretar os estados anímicos como relações mistas cambiantes dos próprios elementos constantes.

O eudemonismo e o utilitarismo são as conseqüências de um errôneo manuseio dos conceitos abstratos. O isolamento do indivíduo, o desprendimento dos conceitos de sentimento, prazer, felicidade de suas combinações, possibilitam uma concepção quantitativa, uma imagem distorcida da teoria mecânica. Na realidade, o sentimento é só um conteúdo parcial de um processo real; as diferenças quantitativas vazias ficam somente para o prazer abstrato.

Nesse sentido, o axioma de Lotze adquire um significado ominoso: somente aquilo que é gozado no sentimento pode ser considerado como valor, somente aquilo que aparece num sentimento é um valor. Disto pode-se deduzir que as grandes criações do espírito humano não têm valor por si mesmas.

Esta teoria suspende a fé concreta no homem e na razão de Hegel e Schleiermacher. Contudo, entra em controvérsia com a indestrutível convicção, segundo a qual tais criações são uma potência acima do homem individual. Os problemas aqui presentes eu os soluciono da seguinte maneira:

1) A face quantitativa do sentimento não pode ser desfrutada separadamente do conteúdo qualitativo de representação e da forma de movimento determinada pela vontade. O gozo ou o sentimento estão nele; conseqüentemente, cada todo vivido tem sem fracionamento um valor, enquanto esteja na consciência.

2) O valor próprio de criações espirituais é um conceito histórico. Este conceito designa o resumo de experiências no qual essas criações foram aceitas e podem continuar sendo aceitas.

3) Este resumo está numa relação interior com a receptividade histórica da maioria e ocupa nela um determinado lugar.

4) Conseqüentemente, em lugar do império hegeliano da razão, se coloca o império da humanidade e a ordem das criações individuais dentro dele.

Estes valores objetivos conformam rigorosamente o patrimônio espiritual da humanidade, enquanto incluem uma possibilidade constante de gozo.

Provo
Distribuidora e Grafica
Pabx: (011) 4178 05 22 fax ramal: 30
provografica.com.br